DIANWANG QIYE XINYUANGONG
RUZHI CHENGZHANG SHOUCE

电网企业新员工
入职成长手册

主　编　张凯艺　邱文严　张　潮

副主编　孟　祥　肖　飒　宋方宇轩

编　写　张　洛　付　湘　段　鑫　马鑫鑫　贾　茜

　　　　　唐翠莲　张均丽　王熹瞳　王向敏

中国电力出版社
CHINA ELECTRIC POWER PRESS

内 容 提 要

本书是为了使国网河南省电力公司新员工在短时间内系统地了解国家电网有限公司（本书简称国家电网公司）和国网河南省电力公司的基本情况，认同公司企业文化和价值观，走好职业生涯的第一步而编写的。本书内容包括认识国家电网公司、认识国网河南省电力公司、企业文化、安全教育、遵规守纪、优质服务、职业发展、职业礼仪等内容，使新员工在知识、思维、态度、礼仪和心理上符合职业规范和标准。

本书可作为国网河南省电力公司新员工的培训教材，也可供想了解国家电网公司和国网河南省电力公司的读者参考。

图书在版编目（CIP）数据

电网企业新员工入职成长手册 / 张凯艺，邱文严，张潮主编 . — 北京：中国电力出版社，2023.9

ISBN 978-7-5198-7270-0

Ⅰ.①电… Ⅱ.①张… ②邱… ③张… Ⅲ.①电力工业 – 工业企业管理 – 职工培训 – 河南 – 手册 Ⅳ.① F426.61-62

中国国家版本馆 CIP 数据核字（2023）第 131650 号

出版发行：中国电力出版社
地　　址：北京市东城区北京站西街 19 号（邮政编码 100005）
网　　址：http://www.cepp.sgcc.com.cn
责任编辑：牛梦洁
责任校对：黄　蓓　马　宁
装帧设计：郝晓燕
责任印制：吴　迪

印　　刷：廊坊市文峰档案印务有限公司
版　　次：2023 年 9 月第一版
印　　次：2023 年 9 月北京第一次印刷
开　　本：787 毫米 ×1092 毫米　16 开本
印　　张：11.5
字　　数：175 千字
定　　价：35.00 元

前　言

随着电力体制改革的深入，电力企业正面临一场前所未有的变革，站在新的历史起点上，国家电网公司在紧密把握世界发展趋势、电力行业特征和我国电网企业特点的基础上，提出"建设具有中国特色国际领先的能源互联网企业"战略目标，以世界的眼光、宽阔的视野，推动企业沿着正确方向长远发展，为企业新一轮发展描绘了美好的蓝图。

"青年所多的是生力，遇见深林，可以辟成平地；遇见旷野，可以栽种树木；遇见沙漠，可以开掘井泉。"企业的发展离不开员工的成长，新员工作为员工队伍的"新鲜血液"，是企业的重要资源，是影响企业未来发展的重要因素。岗前入职培训是新员工入企的"第一堂课"，在一定程度上决定了员工对企业文化与工作角色的感知与认同。

本书内容包括认识国家电网公司、认识国网河南省电力公司、企业文化、安全教育、遵规守纪、优质服务、职业发展、职业礼仪以及国网河南省电力公司18个地市供电企业介绍等内容，涵盖了电网企业大量管理与生产的知识和信息，具有较强的可读性。

本书按照国网河南省电力公司关于新员工岗前培训的目标和要求，在广泛调研、深入分析和总结多年培训经验的基础上，力求在内容上紧密联系实际，融入培训特色，以增强新员工对国家电网公司的认同感和归属感，旨在帮助国网河南省电力公司新员工在较短时间内系统地了解公司概况，认同国家电网公司的企业文化和价值观，熟悉国家电网公司工作主营业务和主要岗位流程，调整心态，找准位置，走好职业生涯的第一步。

编者
2023 年 2 月

目　录

前　言

第一章

国家电网公司概述

国家电网公司成立于 2002 年 12 月 29 日，是根据《公司法》设立的中央直接管理的国有独资公司，以投资建设运营电网为核心业务，是关系国家能源安全和国民经济命脉的特大型国有重点骨干企业。

国家电网公司经营区域覆盖我国 26 个省（自治区、直辖市），供电范围占国土面积的 88%，供电人口超过 11 亿。20 多年来，国家电网持续保持全球特大型电网最长安全纪录，建成 30 项特高压输电工程，成为世界上输电能力最强、新能源并网规模最大的电网，公司专利拥有量持续排名央企第一。公司位列 2022 年《财富》世界 500 强第 3 位，连续 18 年获国务院国资委业绩考核 A 级，连续 10 年获标准普尔、穆迪、惠誉三大国际评级机构国家主权级信用评级，标普 A+、穆迪 A1、惠誉 A+，连续 7 年获中国 500 最具价值品牌第一名，连续 5 年位居全球公用事业品牌 50 强榜首，是全球最大的公用事业企业，也是具有行业引领力和国际影响力的创新型企业。

第一节 国家电网公司组织结构和人力资源状况

一、组织结构

（1）国家电网公司由六个分部组成，包括国网华北分部、国网华东分部、

1

国网华中分部、国网东北分部、国网西北分部、国网西南分部，各分部作为国家电网公司总部派驻机构，是总部部分管理职能的延伸，主要承担区域内电网调度运行管理、安全质量监督、审计监督等核心职责，开展区域内跨省电网项目前期及电网规划工作，在做好自身电网资产管理的同时，在总部授权范围内，加强对区域内省（市）公司的协调监督，以及对总部相关专业管理的支撑，各分部管理的是各自区域内的省调、特高压站、跨省联络线。

国家电网公司总部部门及相关机构见表1-1。

表1-1　　　　　　　　　　国网总部部门及相关机构表

序号	部门	序号	部门
1	中央纪委国家监委驻国家电网有限公司纪检监察组	16	数字化工作部
2	党组办公室（办公室、董事会办公室）	17	基建部
3	政策研究室	18	产业发展部
4	发展策划部（碳资产管理办公室）	19	物资管理部（招投标管理中心）
5	财务资产部	20	审计监管部
6	党组组织部（人事董事部）	21	法律合规部
7	人力资源部	22	体制改革办公室
8	党组党建部（思想政治工作部）	23	后勤保障部
9	党组宣传部（对外联络部）	24	离退休工作部
10	党组巡视工作办公室	25	工会
11	安全监察部（应急管理部）	26	国家电力调度控制中心
12	设备管理部	27	特高压事业部
13	市场营销部（农电工作部、乡村振兴工作办公室）	28	抽水蓄能和能源事业部
14	国际合作部（"一带一路"工作办公室）	29	企业管理协会
15	科技创新部（能源互联网办公室）	30	北京电力交易中心有限公司

国家电网公司分部见表1-2。

表1-2　　　　　　　　　　　国家电网公司分部

序号	部门
1	国网华北分部
2	国网华东分部
3	国网华中分部
4	国网东北分部
5	国网西北分部
6	国网西南分部

国家电网公司省电公司见表1-3。

表1-3　　　　　　　　　　国家电网公司省电力公司

分部	国网华北分部	国网华东分部	国网华中分部	国网东北分部	国网西北分部	国网西南分部
公司名称	国网北京市电力公司	国网上海市电力公司	国网湖北省电力有限公司	国网内蒙古东部电力有限公司	国网陕西省电力公司	国网重庆市电力公司
	国网天津市电力公司	国网江苏省电力有限公司	国网湖南省电力有限公司	国网辽宁省电力有限公司	国网甘肃省电力公司	国网四川省电力公司
	国网河北省电力有限公司	国网浙江省电力有限公司	国网河南省电力公司	国网吉林省电力有限公司	国网青海省电力公司	国网西藏电力有限公司
	国网冀北电力有限公司	国网安徽省电力有限公司	国网江西省电力有限公司	国网黑龙江省电力有限公司	国网宁夏电力有限公司	
	国网山西省电力公司	国网福建省电力有限公司			国网新疆电力有限公司	

续表

分部	国网华北分部	国网华东分部	国网华中分部	国网东北分部	国网西北分部	国网西南分部
公司名称	国网山东省电力公司					

（2）国家电网公司直属单位见表1-4。

表1-4　　　　　　　　　　　国家电网公司直属单位

序号	单位	序号	单位
1	国网国际发展有限公司	13	国网电力空间技术有限公司
2	中国电力技术装备有限公司	14	国网中兴有限公司
3	全球能源互联网集团有限公司	15	国网数字科技控股有限公司（国网雄安金融科技集团有限公司）
4	中国电力科学研究院有限公司	16	国网综合能源服务集团有限公司
5	南瑞集团有限公司（国网电力科学研究院有限公司）	17	国网智慧车联网技术有限公司
6	国网经济技术研究院有限公司	18	国家电网有限公司信息通信分公司
7	国网能源研究院有限公司	19	国家电网有限公司特高压建设分公司
8	国网智能电网研究院有限公司（全球能源互联网研究院有限公司）	20	国家电网有限公司直流技术中心
9	国网新源集团有限公司	21	国家电网有限公司客户服务中心
10	国网信息通信产业集团有限公司	22	国家电网有限公司大数据中心
11	英大传媒投资集团有限公司	23	中共国家电网有限公司党校（国家电网有限公司领导科学研究院分公司）
12	国网物资有限公司	24	国家电网有限公司高级培训中心

序号	单位	序号	单位
25	国家电网有限公司技术学院分公司	32	英大泰和人寿保险股份有限公司
26	国家电网有限公司社会保障管理中心	33	英大长安保险经纪有限公司
27	北京智芯微电专科技有限公司	34	英大国际信托有限责任公司
28	国家电网有限公司档案馆	35	英大证券有限责任公司
29	国网英大国际控股集团有限公司	36	国网国际融资租赁有限公司
30	中国电力财务有限公司	37	国家电网海外投资有限公司
31	英大泰和财产保险股份有限公司		

二、人力资源状况

国家电网公司管理专业技术岗位本科以上人员比例达 50.2%。

国家电网公司高度重视人才队伍建设，在加快推进"两个转变"，促进公司工作"再上新台阶"的新形势下，通过组织实施各类专项人才培养计划，加大优秀高层次人才培养选拔力度。目前，公司共有国家级优秀人才 203 人。其中两院院士 6 人（双院士 1 人），有突出贡献的中青年科学、技术专家 13 人，享受国务院政府特殊津贴的科学、技术专家 85 人，新世纪"百千万人才工程"国家级人选 17 人，全国技术能手 67 人，全国青年岗位能手 14 人；省、部（行业）级优秀人才 1029 人；国家电网公司级优秀人才 986 人；网省公司级优秀人才 7848 人；地市公司级优秀人才 11854 人。

第二节　国家电网发展历程及成就

一、国家电网公司发展战略

战略定位：国民经济保障者，能源革命践行者，美好生活服务者。

使命：为美好生活充电，为美丽中国赋能。

企业宗旨：人民电业为人民。

发展布局：一业为主（电网业务）、四翼齐飞（金融业务、国际业务、战略性新兴产业、支撑产业）、全要素发力。

核心价值观：以客户为中心、专业专注、持续改善。

企业精神：努力超越、追求卓越。

服务理念：你用电；我用心。

战略目标：建设具有中国特色国际领先的能源互联网企业。

实现战略目标阶段：2025 年，基本建成具有中国特色国际领先的能源互联网企业；2030 年，全面建成产品卓越、品牌卓著、创新领先、治理现代的世界一流企业；2035 年，全面建成具有中国特色国际领先能源互联网企业。

原则要求：坚持"五个不动摇"，做到"四个统筹好"。

坚持"五个不动摇"：

（1）坚持党的领导、加强党的建设这个根本保证不动摇。

（2）坚持做强做优做大这个战略方向不动摇。

（3）坚持引领能源、清洁低碳转型这个使命责任不动摇。

（4）坚持科技自立自强这个战略支撑不动摇。

（5）坚持建设具有中国特色国际领先的能源互联网企业之歌目标蓝图不动摇。

做到"四个统筹好"：

（1）统筹好政治、经济、社会"三大责任"。

（2）统筹好发展和安全"两件大事"。

（3）统筹好监管和非监管"两类业务"。

（4）统筹好管好和激活"两个取向"。

二、国家电网公司的社会责任

（一）社会责任观

国家电网公司社会责任观是发展公司、服务社会、以人为本、共同成长。

1.责任目标

国家电网公司责任目标是发展公司、服务社会。以公司发展实现员工成长、客户满意、政府放心，促进经济发展、社会和谐。

2.责任准则

国家电网公司社会责任准则是以人为本、共同成长。公司善待员工、切实维护员工的根本利益，充分尊重员工的价值和愿望，保证员工与企业共同发展；公司善待客户，以客户为中心，始于客户需求、终于客户满意；公司善待合作伙伴，互利互惠，合作共赢，努力营造健康、和谐、有序的电力运营和发展环境。

（二）公司社会责任

1.科学发展责任

科学发展责任是指公司积极转变电网发展方式，充分发挥电网的电力输送和网络市场功能，促进能源资源的优化配置，保障更安全、更经济、更清洁、可持续的能源供应，使发展更加健康、社会更加和谐、生活更加美好。

2.安全供电责任

安全供电责任是指公司坚持"安全第一、预防为主、综合治理"的方针，贯彻全面、全员、全过程、全方位保安全的工作思路，凝聚企业内外力量，保障电网安全稳定运行。

3.卓越管理责任

卓越管理责任是指大力推进公司发展方式转变，实施集团化运作、集约化发展、精益化管理、标准化建设，全面建立利益相关方参与机制，实现公司资源的高效配置，保障电网优化能源资源配置功能的充分发挥，创造经济、社会和环境的综合效益，实现公司综合价值最大化。

4. 科技创新责任

科技创新责任是指公司充分发挥中央企业技术创新主体作用，坚持"自主创新、重点跨越、支撑发展、引领未来"的方针，为保障安全、经济、清洁、可持续发展的能源供应提供坚强的科技支撑，服务创新型国家建设。

5. 沟通合作责任

沟通合作责任是指公司坚持透明开放运营，加强与利益相关方的对话与沟通，及时了解和回应利益相关方的要求与建议，建设和谐的利益相关方关系，形成发展共识，凝聚发展合力，共同破解发展难题，合作推进可持续发展。

6. 全球视野责任

全球视野责任是指公司主动参与经济全球化进程，把握经济全球化发展趋势，实施国际化战略，推进国际能源合作和跨国经营，加强国际交流与合作，利用全球资源建设世界一流电网、国际一流企业，提升公司推进可持续发展的能力与水平。

7. 优质服务责任

优质服务责任是指公司全面落实始于客户需求、终于客户满意的服务要求，为客户提供安全、可靠、优质的电力产品和服务，保证良好的客户满意度，在为客户创造价值的过程中实现公司价值。

8. 员工发展责任

员工发展责任是指公司深入贯彻人才是第一资源的理念，全面实施人才强企战略，自觉维护员工合法权益，加强员工能力建设，健全员工职业成长机制，推进员工民主管理，激发员工创造活力，实现员工价值，支撑公司发展。

9. 伙伴共赢责任

伙伴共赢责任是指公司坚持着眼长远、真诚协作、互利共赢的原则，加强与发电企业、供应商、科研设计和施工建设单位、银行金融机构等业务伙伴的相互协作、优势互补和利益共享，共同推进可持续发展。

10. 服务"三农"责任

服务"三农"责任是指公司认真贯彻中央关于建设社会主义新农村的战略部署，坚持工业反哺农业、城市支持农村和"多予少取放活"的方针，发挥集团整体优势，服务农村经济繁荣、农业生产发展、农民生活富裕，促进城乡协调发展。

11. 环保节约责任

环保节约责任是指公司有效管理电网建设和运营过程对环境的影响，全方位落实保护环境和节约资源的要求，服务资源节约型、环境友好型社会建设。

12. 企业公民责任

企业公民责任是指公司自觉发挥中央企业的表率作用，勇于承担社会成员的责任和义务，遵守法律法规和社会价值规范，弘扬良好的道德风尚，热心社会公益，促进社会公平进步，服务社会主义和谐社会建设。

第二章
认识国网河南省电力公司

第一节 河南电网概况

国网河南省电力公司是国家电网公司的全资子公司，现辖 18 家市供电公司、110 家县级供电企业和 21 个直属单位，服务客户 4570.9 万户。近年来，公司连获服务河南经济社会发展优秀中央驻豫单位、民生实事办理先进单位等荣誉称号，全省大气污染防治年度考核蝉联驻豫央企第 1 名，脱贫攻坚年度考核实现"三连冠"。

国网河南省电力公司在全国率先跨入特高压交直流混联运行阶段，目前通过 1 回 1000kV 特高压交流线路、2 回 ±800kV 特高压直流线路（天中直流、青豫直流）、灵宝直流换流站和 4 回 500kV 线路，分别与华北电网、西北电网及所在华中电网相连。境内现有在运（含过境）特高压线路 12 条、变电（换流）站 4 座，35kV 及以上变电站 3304 座、变电容量 3.82 亿 kVA，实现了 500kV 变电站覆盖所有地市、220kV 变电站覆盖所有县、110kV 变电站覆盖所有产业集聚区和动力电覆盖所有自然村。

国网河南省电力公司组织架构，包括公司本部部门、地市供电企业及直属单位，见表 2-1。

表 2-1 　　　　　　　　国网河南省电力公司本部及单位组织机构所属

本部部门	办公室（党委办公室、董事会办公室）
	发展策划部
	党委组织部（人事董事部）
	人力资源部（社保中心）
	安全监察部（保卫部）
	设备管理部
	建设部
	市场营销部（农电工作部）
	互联网部
	物资部（招投标管理中心）
	审计部
	纪委办公室（巡察办）
	党委党建部（思想政治工作部）
	离退休工作部
	经济法律部（体改办）
	党委宣传部（对外联络部）
	后勤工作部
	河南电力调度控制中心
	工会
	企业管理部

续表

地市供电企业	国网郑州供电公司
	国网平顶山供电公司
	国网安阳供电公司
	国网洛阳供电公司
	国网焦作供电公司
	国网新乡供电公司
	国网南阳供电公司
	国网濮阳供电公司
	国网开封供电公司
	国网三门峡供电公司
	国网漯河供电公司
	国网商丘供电公司
	国网鹤壁供电公司
	国网许昌供电公司
	国网济源供电公司
	国网信阳供电公司
	国网驻马店供电公司
	国网周口供电公司

续表

直属单位	国网河南经研院
	国网河南电科院
	国网河南建设公司
	国网河南检修公司
	国网送变电建设有限公司
	国网河南信通公司
	郑州电力高等专科学校（国网河南技培中心）
	中共国网河南省电力公司党校（国网河南管培中心）
	国网河南物资公司
	国网河南服务中心
	国网河南后勤中心
	国网河南会议中心
	国网河南营销服务中心
	河南九域电力产业管理有限公司
	国网河南能源互联网电力设计院有限公司
	河南绿能科发实业有限公司
	河南电力交易中心有限公司
	国网河南综合能源服务有限公司
	国网河南电动汽车服务有限公司

第二节 国网河南省电力公司发展历程

一、历史沿革

国网河南省电力公司的前身是郑州电业局，成立于 1956 年 10 月 1 日，主管河南省国营电力企业的生产管理和建设工作，隶属中华人民共和国电力工业部（简称电力工业部）武汉电业管理局。1958 年 1 月 1 日，武汉电业管理局撤销，郑州电业局划归电力工业部直接领导，同年 3 月改称河南省电业局。6 月电业局由省人民委员会领导。7 月河南省人民委员会决定将省工业厅所属电业管理局与省电业局合并，成立河南省电力工业局，1962 年 4 月，收归水利电力部领导，改称中原电业管理局。1968 年 4 月，成立中原电业管理局革命委员会。1969 年 1 月 1 日，电力工业体制下放，由河南省革命委员会领导。同年 11 月，改称河南省革命委员会电业局。1979 年 9 月，改称河南省电力工业局。鉴于河南、湖北两省已联网运行，为了统一电力调度，电力工业部报经中华人民共和国国务院批准，决定从 1980 年 1 月 1 日起，省电力工业局及所属电力单位划归电力工业部管。同年 7 月，电力工业部华中电业管理局成立于武汉，省电力工业局隶属于华中电业管理局。1982 年 3 月，华中电业管理局又改为水利电力部华中电业管理局。

1988 年 10 月，国务院颁发《电力工业管理体制改革方案》，确立电力工业实行"政企分开、省为实体、联合电网、统一调度、集资办电"的 20 字方针，全国电力工业进入一个崭新的发展阶段。1993 年，华中电业管理局下发《关于完善华中电力集团组织机构、组建省电力公司工作的通知》，进一步贯彻落实国务院电力工业管理体改方案。1993 年 6 月，河南省电力工业局新组建具有法人地位的河南省电力公司。河南省电力公司与河南省电力工业局合署办公，一套机构，两块牌子，行使不同职能。2000 年 12 月 22 日，河南省电力工业局撤销，实行政企分开，河南省电力工业局的行政职能移交河南省经贸委，河南省电力公司成为真正意义上的企业法人。

二、发展历程

（一）大事年表

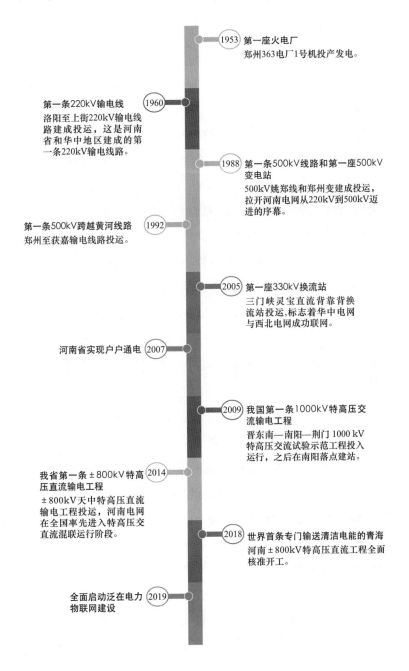

1953 第一座火电厂
郑州363电厂1号机投产发电。

第一条220kV输电线 **1960**
洛阳至上街220kV输电线
路建成投运，这是河南
省和华中地区建成的第
一条220kV输电线路。

1988 第一条500kV线路和第一座500kV
变电站
500kV姚郑线和郑州变建成投运，
拉开河南电网从220kV到500kV迈
进的序幕。

第一条500kV跨越黄河线路 **1992**
郑州至获嘉输电线路投运。

2005 第一座330kV换流站
三门峡灵宝直流背靠背换
流站投运，标志着华中电网
与西北电网成功联网。

河南省实现户户通电 **2007**

2009 我国第一条1000kV特高压交
流输电工程
晋东南—南阳—荆门 1000 kV
特高压交流试验示范工程投入
运行，之后在南阳落点建站。

我省第一条±800kV特 **2014**
高压直流输电工程
±800kV天中特高压直流
输电工程投运，河南电网
在全国率先进入特高压交
直流混联运行阶段。

2018 世界首条专门输送清洁电能的青海
河南±800kV特高压直流工程全面
核准开工。

全面启动泛在电力 **2019**
物联网建设

（二）发展阶段

1. 快速发展时期 1949—1978 年

电力建设逐步升级 220kV 跨省联网。1952 年 7 月，河北峰峰电厂至安阳豫北变电站 35kV 输电线路正式投运，这是河南第一条 35kV 线路，形成了跨省电网的雏形，也拉开河南电网建设帷幕。截至 1978 年，河南拥有 35kV 及以上变电站 125 座，主变压器容量 1.68 万 kVA，110kV 及以上线路 4442km。

2. 发展新阶段 1979—1987 年

500kV 主干线 220kV 主网形成。1979 年，以郑州大坡顶变电站为中心，河南形成了北至安阳、东至开封、西至三门峡、南至平顶山及南阳的 220kV 输电网。截至 1987 年，河南电网已经形成以 500kV 为主干线、以 220kV 为主网、以 110kV 为地区网络的全省统一的强大电力系统。

3. 农网改造时期 1988—2008 年

改革开放之初，河南农网规模只相当于现在的 1/10，乡（镇）通电率为 80%，村通电率仅有 65%，大部分农民无电可用。为改善农村农业生产和农民生活用电状况，河南先后开展了 3 次农网改造升级。1997 年，河南实现全省行政村"村村通电"。2007 年 9 月，河南省实现户户通电。从 2003 年 9 月至 2005 年 7 月，华中、华北、西北三大电网逐步联为一体，河南成为南北电力交换大通道乃至全国电网的重要枢纽。2006 年，河南电网主网架实现由 220kV 向 500kV 的历史性跨越，"两纵四横"的梯形网架显著提升了安全供电水平。

4. 特高压建设时期 2009—2019 年

2014 年，±800kV 天中特高压直流工程正式建成投运，河南在全国率先形成省级特高压交直流混联运行电网。截至 2019 年 6 月底，河南电网拥有 35kV 以上变电站 3005 座、变电容量 3.06 亿 kVA，整体供电能力超过 6700 万 kW，总体规模居中部四省之首。

5. 新时代翻开新篇章

扎实推进能源大数据综合示范建设，探索煤、电、油、气等能源数据与政府、重要客户数据的集成融合，助推能源转型和河南经济高质量发展。持续推进大数据中心建设，建立数据管理平台和安全防护体系。完成兰考能源互联网平台和能源数据库功能上线。泛在物联构建源网荷储多维电力绿色调度体系，从源网荷储四端发力，深化电力行业节能减排，助力打赢蓝天保卫战。

第三节　河南电网现状

一、配电网供电区概况

河南城乡配电网覆盖全省 18 地市 108 县，市级供电企业 18 个，县级供电企业 110 个，2019 年随着国网淅川县供电公司上划，河南县级供电企业全面实现直供直管。全省供电面积 13.8 万 km²，电力客户数 4161 万户。

全省 110kV 及以下并网电厂装机总容量 2180.7 万 kW，超过全省总装机容量 1/5。其中，常规电源 502.5 万 kW，风电、光伏等新能源 1678.2 万 kW，两者结构比例为 30∶70。

全省新能源装机规模呈跃增式发展态势，2015—2019 年全省新能源装机容量增长了 7.8 倍，其中 110kV 及以下光伏、风电、生物质装机分别是 2015 年的 20.5 倍、5.4 倍和 1.8 倍，达到 1678.2 万 kW，占全省新能源装机总量的 80%。配电网成为新能源消纳的支撑平台。

二、220kV 电源现状

目前，河南电源总装机达到 93061MW，居全国第 7 位，同比增长 7.2%。其中，水电、火电、风电、光伏装机容量分别为 4079、70501、7943、10539MW，较"十三五"以来，河南省火装机占比持续下降，装机占比由 2015 年的 89% 下降至 74%，全省新能源装机占比由 2015 年 2% 快速提升至 20%，成为第二大电源。

全省 220kV 及以下装机规模为 66211MW，其中水电、火电、风电、光伏装机容量分别为 2879、44851、7943、10539MW，占比分别为 4.3%、67.7%、12%、15.9%。

三、2035 年河南电网展望

河南省人民政府印发的《河南省国民经济和社会发展第十四个五年规划和二〇三五年远景目标纲要》指出：谋划豫南、豫中东等高效清洁支撑煤电项目，实施许昌、平顶山、安阳等城区煤电"退城进郊"项目。

坚持集中式和分布式并举，大力发展风能、太阳能、生物质能、地热等新能源和可再生能源，推进沿黄绿色能源廊道建设，拓展农村能源革命试点示范，非化石能源占能源消费总量比重提高 5 个百分点以上。加强氢能技术研发应用，提高工业副产氢纯化水平，开展可再生能源电解水制氢示范，培育氢能产储运用全产业链。推进煤矿绿色智能化升级，有序释放优质产能。合理控制煤电建设规模和发展节奏，重点在电力缺口较大地区布局大容量高效清洁支撑电源，大气污染防治重点区域城市原则上不再建设除民生热电外的煤电项目。稳定原油、天然气产量，加强页岩气勘探开发，推进煤层气（瓦斯）抽采利用。

加快抽水蓄能电站建设，实施火电机组调峰灵活性改造，有序发展天然气调峰电站和热电冷多联供。推动风光水火储一体化和源网荷储一体化发展，支持大数据中心等用电大户配套建设储能设施，促进可再生能源灵活消纳，建设多能互补清洁能源基地和储能产业基地。集约化规模化建设储气设施，加快构建大型地下储气库、沿海 LNG 储罐、区域性 LNG 储备中心三级储气调峰体系，依托中原储气库群规划建设天然气储配交易中心。加强区域性原油商业储备基地建设，完善油库等储存设施。合理布局建设大型煤炭储备基地，鼓励大型燃煤电厂、煤炭企业等改扩建储煤设施。

第三章
企业文化

第一节　国家电网公司企业文化体系

一、战略体系

（一）战略目标

国家电网公司的战略目标是建设具有中国特色国际领先的能源互联网企业，"具有中国特色"是根本，"国际领先"是追求，"能源互联网"是方向，三者三位一体，彰显了公司的政治本色、行业特色和发展角色，构成指引公司发展的航标。战略目标的内涵包括：

（1）"五个明确"。

1）明确以习近平新时代中国特色社会主义思想为指导。

2）明确坚持党的全面领导。

3）明确坚持以人民为中心的发展思想。

4）明确走出一条中国特色的电网发展道路。

5）明确走出中国特色国有企业改革发展道路。

（2）"六个领先"。

1）坚持硬实力和软实力建设并重，着力实现经营实力领先。

2）核心技术领先。

3）服务品质领先。

4）企业治理领先。

5）绿色发展领先。

6）品牌价值领先。

（3）"三大体系"。

1）能源网架体系。

2）信息支撑体系。

3）价值创造体系。

（二）发展布局

国家电网的发展总体布局是：一业为主、四翼齐飞、全要素发力（简称"一体四翼"发展布局）。"一业为主"指电网业务，是公司的主导产业和主营业务。"四翼齐飞"指沿着电网业务这条产业链，统筹推进金融业务、国际业务、支撑产业、战略性新兴产业发展。"全要素发力"指在加强传统要素投入的同时，更加注重知识、技术、管理、数据等新要素投入。

电网业务：公司发展的主导产业和主营业务，以建设能源互联网、担当电力产业链链长为发展方向，是践行人民电业为人民企业宗旨、保障能源安全和经济社会发展的中坚力量。

金融业务：服务公司主业和实业的重要保障，为公司提供资金融通、保险保障、资产管理等金融服务，为公司利润提供重要贡献。

国际业务：公司参与全球市场竞争合作、统筹利用国内国际两种资源的实施主体，为公司经营发展拓展市场空间，为公司利润增长提供重要来源，是服务共建"一带一路"和提升国际影响力的关键途径。

支撑产业：公司战略实施的坚强支撑力量，为公司提供科研创新、能源互联网技术、服务支持、软实力等全方位支撑，是公司和电网高质量发展的坚强保障。

战略性新兴产业：公司实现基业长青的新动能，为公司发展创造新增长点、新增长极，是公司获取竞争新优势、掌握发展主动权的关键路径。

（三）原则要求

1.“五个不动摇”

见第一章第二节。

2.“四个统筹好”

见第一章第二节。

3.“六个更加注重”

（1）更加注重聚焦主责主业。

（2）更加注重绿色发展。

（3）更加注重提质增效。

（4）更加注重产业协同。

（5）更加注重制度完善。

（6）更加注重风险防范。

（四）工作要求

1.“四个必须”

（1）必须坚决维护党的核心和党中央权威。

（2）必须将中央要求与公司实际紧密结合。

（3）必须着力营造良好的发展环境。

（4）必须紧紧依靠广大干部职工拼搏奋进。

2.“五个好”

（1）把握好稳中求进这个总基调。

（2）履行好电力保供这个首要责任。

（3）服务好能源转型这个战略任务。

（4）贯彻好高质量发展这个鲜明主题。

（5）发挥好党的领导建设这个独特优势。

（五）战略目标安排

建设具有中国特色国际领先的能源互联网企业是一个长期的战略任务，国家电网公司明确分三个阶段实现战略目标。

2025年基本建成具有中国特色国际领先的能源互联网企业。

2035 年全面建成产品卓越、品牌卓著、创新领先、治理现代的世界一流企业。

2050 年全面建成具有中国特色国际领先的能源互联网企业。

二、公司价值理念体系

（一）企业宗旨——人民电业为人民

这是老一辈革命家对电力事业提出的最崇高、最纯粹、最重要的指示，体现了国家电网发展的初心所在。

牢记国家电网事业是党和人民的事业，始终坚持以人民为中心的发展思想，完整、准确、全面贯彻新发展理念，着力解决好发展不平衡不充分问题，全面履行经济责任、政治责任、社会责任，做好电力先行官，架起党群连心桥，切实做到一切为了人民、一切依靠人民、一切服务人民。

（二）公司使命——为美好生活充电，为美丽中国赋能

"两为"意味着公司存在与发展的根本目的在于服务人民、服务国家。

"两美"彰显公司在社会进步和生态文明建设中的作用价值。

"充电"与"赋能"展现公司作为电网企业彰显价值作用的方式，以及由此产生的能动作用。公司自觉将企业改革发展融入党和国家工作大局，发挥电网企业特点和优势，在全面建设社会主义现代化国家、实现中华民族伟大复兴中国梦的历史进程中积极作为、奉献力量。

（三）公司战略定位——国民经济保障者，能源革命践行者，美好生活服务者

深刻认识国有企业"六个力量"的历史定位，积极履行经济责任、政治责任、社会责任，为经济社会发展提供安全、可靠、清洁、经济、可持续的电力供应，在服务党和国家工作大局中当排头、做表率。

1. 能源革命践行者

深入落实"四个革命、一个合作"能源安全新战略，充分发挥电网枢纽和平台作用，加快构建新型电力系统，在保障国家能源安全、推动能源转型、服务碳达峰碳中和中发挥骨干作用，成为引领全球能源革命的先锋力量。

2.美好生活服务者

始终坚持以满足人民美好生活需要为己任，自觉践行党的根本宗旨，把群众观点、群众路线深深根植于思想中、具体落实到行动上。

（四）企业精神——努力超越、追求卓越

始终保持强烈的事业心、责任感，向着国际领先水平持续奋进，敢为人先、勇当排头，不断超越过去、超越他人、超越自我，坚持不懈地向更高质量发展、向更高目标迈进，精益求精、臻于至善。

第二节 企业文化建设体系

一、总体要求

企业文化建设的总体要求是旗帜领航：高扬党的旗帜，领航文化发展。

（1）巩固好全国国有企业党的建设工作会议以来公司企业文化建设成果，解析服务国家重大战略实施、推动公司战略落地、应对大战大考中蕴含的文化密码，完善企业文化建设体系，厚植文化独特优势。

（2）坚持好党管文化工作格局，坚持以人为本、服务发展，坚持以统一为基础、以卓越为导向，强化以党内政治文化为引领的优秀企业文化建设，深化文化铸魂、文化赋能、文化融入，将企业文化先进理念转化为职工价值追求、企业规章制度和职工自觉行为。

（3）发展好企业文化守正创新、与时俱进特质，弘扬社会主义核心价值观，赓续百年电力文化基因，聚焦"一体四翼"发展布局，不断丰富公司价值理念时代内涵，持续激发企业文化引导、激励、辐射作用，为高质量发展提供价值引领和文化支撑。

二、建设目标

建设与"一体四翼"发展布局相适应的优秀企业文化。

社会主义核心价值观在公司广为弘扬，公司价值理念内涵进一步丰富，在

基层一线全面落地深植、成为广大职工普遍共识、得到公司内外广泛认同。

与发展布局相适应的企业文化建设体系机制健全完善，管理水平进一步提高，积极向上的文化氛围日益浓厚，职工队伍创造力、凝聚力、战斗力显著提升。

企业文化软实力不断提升，文化影响力显著增强，核心竞争力全面彰显。

三、建设原则

1. 以党内政治文化引领企业文化建设

坚持以习近平新时代中国特色社会主义思想为指导，弘扬伟大建党精神，践行社会主义核心价值观，强化"四个引领"，推动思想政治工作与企业文化建设有机统一，将文化优势转化为公司创新优势、竞争优势和发展优势。

2. "四个引领"：政治引领、思想引领、价值引领、组织引领

（1）强化政治引领，把准文化方向。

坚持党管文化工作格局，将政治标准、政治要求贯穿公司企业文化建设全过程，加强政治忠诚教育，引导广大党员深刻领悟"两个确立"的决定性意义，增强"四个意识"、坚定"四个自信"、做到"两个维护"，不断提高政治判断力、政治领悟力、政治执行力。

（2）强化思想引领，筑牢文化根基。

将理想信念教育作为企业文化建设的重要任务，充分发挥党的思想政治工作优势，突出抓好习近平新时代中国特色社会主义思想学习宣贯，切实增强政治认同、思想认同、情感认同，打牢信仰信念的思想理论根基。深入开展"四史"教育，学好用好红色资源，引导职工自觉树立正确的世界观、人生观、价值观，坚定不移听党话、感党恩、跟党走。

（3）强化组织引领，夯实文化阵地。

充分发挥党的组织优势和群众工作优势，推动各级党组织承担好企业文化建设任务，深化共产党员服务队、党员示范岗、党员责任区等实践载体建设，发挥各级党组织书记带头学习文化、研究文化、宣讲文化、践行文化的示范作用，凝聚职工群众智慧力量。

（4）强化价值引领，厚植文化土壤。

大力弘扬共产党人忠诚老实、公道正派、实事求是、清正廉洁等价值观，坚守共产党人的精神追求，提升党员党性修养，永葆党员队伍的先进性、纯洁性，示范引导职工积极践行社会主义核心价值观，形成崇德向善、干事创业的良好氛围。

四、实践路径

（1）文化铸魂。坚持用习近平新时代中国特色社会主义思想教育人，用党的理想信念凝聚人，用社会主义核心价值观培育人，用中华民族伟大复兴历史使命激励人，厚植爱党爱国爱企情怀，不断夯实团结奋斗的共同思想基础。

（2）文化赋能。聚焦履行"三大责任"，立足电网企业特点和优势，深度挖掘企业文化价值创造能力，以新时代文明实践中心建设和重大典型培育为抓手，推动公司企业文化价值理念转化为干事创业实际行动，在服务国家重大战略实施、助力基层治理中释放文化效能，推动实现社会、企业和职工的共同发展。

（3）文化融入。围绕"一体四翼"发展布局，坚持业务承载与文化驱动相结合，推动文化融入安全生产、电网建设、经营管理、改革创新等各业务领域，提高公司发展的文化内涵和职工的文明素养，促进管理水平和发展质量不断提升，切实将文化软实力转化为基业长青的硬实力。

第三节 企业文化建设"六大工程"

一、思想政治引领工程

深入贯彻中共中央、国务院关于新时代加强和改进思想政治工作的意见要求，落实国资委党委关于新时代加强和改进中央企业思想政治工作的实施意见，推进公司党组实施意见落地见效。发挥党委领导作用和党支部战斗堡垒作用，把思想政治工作同生产经营管理、企业文化建设等工作结合起来，在思想上解惑、精神上解忧、文化上解渴、心理上解压，充分调动广大干部职工的积极性、主动性、创造性。

坚持守正创新、融入中心，准确把握"一体四翼"各业务功能定位、发展思路和干部职工队伍特点，分类施策、精准发力，针对性加强思想政治工作。加强项目化管理，开展示范点建设，促进基层思想政治工作实起来、强起来，把思想政治工作优势转化为推动公司高质量发展的强大动力。

遵循思想政治工作规律，把显性教育与隐性教育、解决思想问题与解决实际问题结合起来，做好理想信念教育、形势政策教育、思想动态调研等工作，巩固维护人心齐、人心稳、人思进、干劲足的良好局面。

二、"百年电力"文化遗产保护工程

传承弘扬中华优秀传统文化，深入挖掘和阐发电力文化遗产蕴含的思想内涵和时代价值，把电力文化遗产打造成坚定理想信念、赓续红色基因、强化使命担当的样板工程，更好发挥文化遗产以史育人、以文化人、践行社会主义核心价值观的优势作用。

注重在挖掘中利用、在保护中发展、在传承中创新，持续发布"百年电力"文化遗产名录，探索构建常态化长效化管理体系，提炼展示优秀传统文化的精神标识，让电力文化遗产成为增强职工文化自信、激发爱党爱国爱企情感的重要源泉。

深入推进融合发展，把用好红色资源同贯彻落实国家重大战略、做好中心工作结合起来，发挥爱国主义教育基地、"百年电力"文化遗产宣教引导和传播展示作用，更好彰显国网精神、国网价值、国网力量。

三、新时代文明实践中心建设工程

贯彻落实中央关于拓展新时代文明实践中心建设部署要求，围绕助力乡村振兴和基层治理，统筹工作内容、优化运行机制、压紧压实责任，加强与地方政府共创共建，把融入新时代文明实践中心（所、站）建设作为一项基础性、战略性任务抓实抓好。

发挥电网企业贴近群众、联系千家万户的优势，以做优本职服务、做实延伸服务、做深志愿服务为重点，发动广大职工当好党的政策"宣传员"、为民排忧"服务员"和社情民意"信息员"，打通宣传群众、教育群众、关心群众、服务群众"最后一公里"。

综合利用公司志愿服务阵地资源、队伍骨干、服务项目，根据文明实践活动需要和群众需求，合理调度、共享使用，因地制宜开展主题突出、有地域特色的文明实践活动，试点建设示范性新时代文明实践基地、站点，推进志愿服务精准化、常态化、便利化、品牌化。

四、最美国网人培育工程

坚持先进性和广泛性相结合、培育新典型和学习老典型相结合，完善先进典型选树宣传和发挥作用的长效机制，以榜样力量激励人、鼓舞人。

聚焦国家重大战略和公司改革发展重大任务、重点工程、关键领域，培育选树一批特征鲜明、示范性强、员工身边可信可学的最美国家电网人，以榜样精神激发向上向善力量。

广泛开展最美传播、故事传讲、事迹宣讲等典型学习宣传活动，弘扬"特别负责任、特别能战斗、特别能吃苦、特别能奉献"的电网铁军精神，营造尊重最美、学习最美、争当最美的浓厚氛围，引导广大职工做公司价值理念的践行者和社会风尚的引领者。

五、文化浸润深植工程

立足"一体四翼"各业务板块，探索既符合公司统一要求，又符合业务实际、体现基层特色的文化落地路径和实践载体，推动公司优秀文化融入专业管理、基层工作、员工行为，驱动业务工作和管理水平不断提升。

结合公司生产经营实际，持续推进安全、服务、法治、廉洁等专项文化建设，把公司价值理念融入建章立制全过程，推动企业文化在各业务领域、专业条线全面落地深植。

聚焦人心、人性、人情，培育和提升尊重人、关心人、成就人的管理文化，细化员工行为规范，增强文化认同，提升文化自觉，引导职工养成共同的行为方式和工作习惯。

六、企业文化建设示范点"百千万"工程

围绕服务"双碳"目标、区域协调发展、乡村振兴等国家重大战略实施，坚持高起点、高标准、高质量，着力建设凝结公司发展成就、集中体现企业精神内核的企业文化重大示范点。

聚焦电力保供、电网建设、优质服务、提质增效、改革创新等公司中心工作，坚持落细、落小、落实，广泛开展基层示范点创建活动。

坚持以点带面、整体推进，每批打造一百个国网级、一千个省公司（直属单位）级、一万个地市公司级示范点，推动企业文化深入基层、深入人心。

第四章
安全教育

第一节　电力安全工作宣贯

一、供电企业事故类型

供电企业主要事故或伤害类型包括：误操作、物体打击、车辆伤害、机械伤害、起重伤害、触电、淹溺、灼烫、火灾、高处坠落、坍塌、爆炸、中毒和窒息及其他伤害，其中触电伤害最为常见，触电伤害事故发生的主要原因包括：人的不安全行为、设备不安全状态、管理缺陷以及环境不良等。

二、避免供电事故的发生

避免事故发生，需要所有作业人员在电力生产中确保安全。在电力生产中，安全生产有三个组成部分，互不可分，缺一不可：确保人身安全，杜绝人身伤亡事故；确保电网安全，消灭电网瓦解和大面积停电事故；确保设备安全，保证设备正常运行。

三、供电企业安全理念

（一）电力生产特点

电力生产的劳动环境具有几个明显特点：一是电气设备（包括高压和低

压）多；二是高温、高压设备多（炉、机、压力机构等）；三是易燃、易爆和有毒物品多（煤、油、强酸、强碱、液氯、六氟化硫和充油电气设备及制氢系统等）；四是高速旋转机械多（如汽轮机、风机、电动机等）；五是特种作业多（如带电、高处、焊接、起重作业等）。

电力生产的劳动条件和作业环境相当复杂，本身就潜伏着许多不安全因素，极具潜在的危险性，对职工的人身安全构成威胁，潜伏的不安全因素随时会转变为不安全的事实，潜在的危险性随时会转变为现实的人身伤害事故。供电企业要生存、要发展，必然要讲求经济效益与社会效益，假若出现电网安全事故，必然影响电力供应全过程，既影响社会用电与供电能力，又增加供电企业各类费用支出，其结果必然是成本上升，效益降低，同时还会造成社会舆情影响，保障电网安全也是供电企业取得好的经济效益与社会效益的基础。目前阶段，电力生产的特点是高度自动化，由许多发电厂、输电线路、变配电设施和用电设备组成电力网，互相牵连、互相制约地联合运行，构成一个十分庞大、复杂的电力生产、流通、分配、消费过程。在这个过程中，发、供、用电同时进行，任何一个环节、任何一项设备发生事故，如不能及时排除，都可能带来连锁反应，导致主设备严重损坏或大面积停电，甚至可能造成全网崩溃的灾难性事故。目前，我国电力工业已经步入了以"大机组、大电厂、大电网、高参数、高电压、高度自动化"为主要特点的新阶段，这给电力安全生产带来了新的课题，提出了更新、更高的要求。

（二）供电企业安全的理念

（1）国家电网公司作为关系国民经济命脉和国家能源安全的特大型国有重点骨干企业，安全生产显得尤为重要，为了贯彻"安全第一，预防为主"的总方针，保证企业员工在电力生产活动中的人身安全，保证电网安全可靠供电，保证国家和投资者的资产免遭损失，同时依照国家有关法律、法规、标准、规定，国家电网公司形成了契合企业发展的安全生产理念，制定了适合企业情况的安全生产规章制度，确保安全生产制度化、标准化。内容包括安全目标、目标责任制、安全监督、安全规程制度反事故措施计划与安全技术劳动保护措施计划、安全教育培训、电力生产安全事故的应急处理与调查、考核与奖惩等，适用于国家电网公司系统的生产性企业和单位以及管理生产性企业的国电分公司、区域电网公司、集团公司、省含自治区、直辖市公司，是全体职工必须学习的内容。

（2）在学习安全生产规章制度前，要首先明确国家电网公司的相关安全理念。国家电网公司的安全文化的核心理念是"相互关爱，共保平安"；安全生产的基本方针是"安全第一，预防为主，综合治理"；电网安全生产的指导思想是电网安全"可控、能控、在控"。国家电网公司的安全观念是"视违章为事故，视安全规程为法"。国家电网公司要求员工具有安全意识，包括系统安全意识：电网安全，共建共享；责任意识：安全责任重于泰山；风险意识：电网大面积停电的风险客观存在；忧患意识：隐患不除，违章不禁，事故终究要发生；防范意识：风险可以防范，失误应该避免，事故能够控制。同时，国家电网公司制定了一系列安全生产指导原则，包括"谁主管、谁负责"的原则，"管生产必须管安全"的原则，"五同时"原则，"四不放过"原则，"三同时"原则，"安全具有否决权"原则，"全面管理"原则，"四个凡是"原则。

四、国家电网公司安全生产规程

（一）安全规程总则

为加强电力生产现场管理，规范各类工作人员的行为，保证人身、电网和设备安全，依据国家有关法律、法规，结合电力生产的实际，制定国家电网公司电力安全工作规程。

（二）安全规程使用范围

国家电网公司安全生产规程（简称安全生产规程）适用于运用中的发、输、变（包括特高压、高压直流）、配电和用户电气设备上及相关场所的工作人员（包括基建安装、农电人员），其他单位和相关人员参照执行。

（三）电力基本知识

运用中的电气设备是指全部带有电压、一部分带有电压或一经操作即带有电压的电气设备。电气设备有四种状态：运行状态、热备用状态、冷备用状态、检修状态。在作业前要明确电压等级。电气设备分为高压和低压两种。电压等级在 1000V 及以上的为高压电气设备，电压等级在 1000V 以下的为低压电气设备。

（四）作业现场的基本条件

（1）作业现场的生产条件和安全设施等应符合有关标准、规范的要求，工作人员的劳动防护用品应合格、齐备。

（2）经常有人工作的场所及施工车辆上宜配备急救箱，存放急救用品，并应指定专人经常检查、补充或更换。

（3）现场使用的安全工器具应合格并符合有关要求。

（4）各类作业人员应被告知其作业现场和工作岗位存在的危险因素、防范措施及事故紧急处理措施。

（5）作业人员的基本条件。

1）经医师鉴定，无妨碍工作的病症（体格检查每两年至少一次）。

2）具备必要的电气知识和业务技能，且按工作性质，熟悉安全生产规程的相关部分，并经考试合格。

3）具备必要的安全生产知识，学会紧急救护法，特别要学会触电急救。

（6）安全生产教育与培训。

1）各类作业人员应接受相应的安全生产教育和岗位技能培训，经考试合格上岗。

2）作业人员对安全生产规程应每年考试一次。因故间断电气工作连续三个月以上者，应重新学习本规程，并经考试合格后，方能恢复工作。

3）外单位承担或外来人员参与国家电网公司系统电气工作的工作人员应熟悉安全生产规程、并经考试合格，经设备运行管理单位认可，方可参加工作。工作前，设备运行管理单位应告知现场电气设备接线情况、危险点和安全注意事项。

（7）违反安全规程的处置。任何人发现有违反安全规程的情况，应立即制止，经纠正后才能恢复作业。各类作业人员有权拒绝违章指挥和强令冒险作业，在发现直接危及人身、电网和设备安全的紧急情况时，有权停止作业或者在采取可能的紧急措施后撤离作业场所，并立即报告。

（8）制定安全措施。在试验和推广新技术、新工艺、新设备、新材料的同时，应制定相应的安全措施，经本单位分管生产的领导（总工程师）批准后执行。

各单位可根据现场情况制定安全规程补充条款和实施细则，经本单位分管生产的领导（总工程师）批准后执行。

五、高压设备工作的基本要求

在高压设备上工作，分为三类：①全部停电的工作，是指室内高压设备全部停电（包括架空线路与电缆引入线在内），并且通至邻接高压室的门全部闭锁，以及室外高压设备全部停电（包括架空线路与电缆引入线在内）；②部分停电的工作，是指高压设备部分停电，或室内虽全部停电，而通至邻接高压室的门并未全部闭锁；③不停电工作，是指工作本身不需要停电并且不可能触及导电部分的工作或可在带电设备外壳上或导电部分上进行的工作。

在高压设备上工作，应至少由两人进行，并完成保证安全的组织措施和技术措施。

（一）一般安全要求

（1）运行人员应熟悉电气设备。单独值班人员或运行值班负责人还应有实际工作经验。

（2）高压设备符合下列条件者，可由单人值班或单人操作：①室内高压设备的隔离室设有遮栏，遮栏的高度在 1.7m 以上，安装牢固并加锁者；②室内高压断路器（开关）的操作机构用墙或金属板与该断路器（开关）隔离或装有远方操作机构者。

（3）换流站不允许单人值班或单人操作。

（4）无论高压设备是否带电，工作人员不得单独移开或越过遮栏进行工作，若有必要移开遮栏时，应有监护人在场，并符合表 4-1 的安全距离。

表 4-1　　　　　　　　　　　　设备不停电时的安全距离

电压等级（kV）	安全距离（m）	电压等级（kV）	安全距离（m）
10 及以下（13.8）	0.70	750	7.20
20、35	1.00	1000	8.70
63（66）、110	1.50	±50 及以下	1.50
220	3.00	±500	6.00
330	4.00	±660	8.40
500	5.00	±800	9.30

（5）10、20、35 kV 户外（内）配电装置的裸露部分在跨越人行过道或作业区时，若导电部分对地高度分别小于2.7（2.5）、2.8（2.5）、2.9（2.6）m，该裸露部分两侧和底部应装设护网。车辆（包括装载物）外廓至无遮栏带电部分之间的安全距离见表4-2。

表 4-2　　　　　　车辆（包括装载物）外廓至无遮栏带电部分之间的安全距离

电压等级（kV）	安全距离（m）	电压等级（kV）	安全距离（m）
10	0.95	500	4.55
20	1.05	750	6.70
35	1.15	1000	8.25
63（66）	1.40	±50 及以下	1.65
110	1.65（1.75）	±500	5.60
220	2.55	±660	8.00
330	3.25	±800	9.00

（6）运行中的高压设备其中性点接地系统的中性点应视作带电体，在运行中若必须进行中性点接地点断开的工作时，应先建立有效的旁路接地才可进行断开工作。

（二）高压设备的巡视

（1）经本单位批准允许单独巡视高压设备的人员巡视高压设备时，不准进行其他工作，不准移开或越过遮栏。

（2）雷雨天气，需要巡视室外高压设备时，应穿绝缘靴，并不准靠近避雷器和避雷针。

（3）高压设备发生接地时，室内不得接近故障点 4m 以内，室外不得接近故障点 8m 以内。进入上述范围人员应穿绝缘靴，接触设备的外壳和构架时，应戴绝缘手套。

（4）巡视室内设备，应随手关门。

（三）倒闸操作

（1）倒闸操作的分类：①监护操作，由两人进行同一项的操作；②单人操作，由一人完成的操作；③检修人员操作，由检修人员完成的操作。

（2）操作票：倒闸操作由操作人员填用操作票。操作人和监护人应根据模拟图或接线图核对所填写的操作项目，并分别手工或电子签名，然后经运行值班负责人（检修人员操作时由工作负责人）审核签名。每张操作票只能填写一个操作任务。

（3）倒闸操作的基本条件：①有与现场一次设备和实际运行方式相符的一次系统模拟图；②操作设备应具有明显的标志，包括命名、编号、分合闸指示、旋转方向、切换位置的指示及设备相色等；③高压电气设备都应安装完善的防误操作闭锁装置；④有值班调度员、运行值班负责人正式发布的指令，并使用经事先审核合格的操作票。

（4）倒闸操作的基本要求：停电拉闸操作应按照断路器（开关）—负荷侧隔离开关（刀闸）—电源侧隔离开关（刀闸）的顺序依次进行，送电合闸操作应按与上述相反的顺序进行。禁止带负荷拉合隔离开关（刀闸）。

（5）开始倒闸操作前，应先在模拟图（或微机防误装置、微机监控装置）

上进行核对性模拟预演，无误后，再进行操作。操作前应先核对系统方式、设备名称、编号和位置，操作中应认真执行监护复诵制度（单人操作时也应高声唱票），宜全过程录音。操作过程中应按操作票填写的顺序逐项操作。每操作完一步，应检查无误后做一个"√"记号，全部操作完毕后进行复查。

（6）监护操作时，操作人在操作过程中不准有任何未经监护人同意的操作行为。

（7）操作中产生疑问时，应立即停止操作并向发令人报告。待发令人再行许可后，方可进行操作。不准擅自更改操作票，不准随意解除闭锁装置。解锁工具（钥匙）应封存保管，所有操作人员和检修人员禁止擅自使用解锁工具（钥匙）。

（8）电气设备操作后的位置检查应以设备实际位置为准，无法看到实际位置时，可通过设备机械位置指示、电气指示、带电显示装置、仪表及各种遥测、遥信等信号的变化来判断。判断时，应有两个及以上指示，且所有指示均已同时发生对应变化，才能确认该设备已操作到位。以上检查项目应填写在操作票中作为检查项。

（9）换流站直流系统应采用程序操作，程序操作不成功，在查明原因并经调度值班员许可后可进行遥控步进操作。

（10）用绝缘棒拉合隔离开关（刀闸）、高压熔断器或经传动机构拉合断路器（开关）和隔离开关（刀闸），均应戴绝缘手套。雨天操作室外高压设备时，绝缘棒应有防雨罩，还应穿绝缘靴。接地网电阻不符合要求的，晴天也应穿绝缘靴。雷电时，一般不进行倒闸操作，禁止在就地进行倒闸操作。

（11）装卸高压熔断器，应戴护目眼镜和绝缘手套，必要时使用绝缘夹钳，并站在绝缘垫或绝缘台上。

（12）断路器（开关）遮断容量应满足电网要求。如遮断容量不够，应将操作机构用墙或金属板与该断路器（开关）隔开，应进行远方操作，重合闸装置应停用。

（13）电气设备停电后（包括事故停电），在未拉开有关隔离开关（刀闸）和做好安全措施前，不得触及设备或进入遮栏，以防突然来电。

（14）单人操作时不得进行登高或登杆操作。

（15）在发生人身触电事故时，可以不经许可，即行断开有关设备的电源，但事后应立即报告调度（或设备运行管理单位）和上级部门。

（16）下列各项工作可以不用操作票：①事故应急处理；②拉合断路器（开关）的单一操作。上述操作在完成后应做好记录，事故应急处理应保存原始记录。

（四）保证安全的组织措施

在电气设备上工作，保证安全的组织措施有工作票制度，工作票使用制度，工作许可制度，工作监护制度，工作间断、转移和终结制度。

（1）工作票制度。

1）在电气设备上的工作，应填用工作票或事故应急抢修单，其方式有：①填用变电站（发电厂）第一种工作票；②填用电力电缆第一种工作票；③填用变电站（发电厂）第二种工作票；④填用电力电缆第二种工作票；⑤填用变电站（发电厂）带电作业工作票；⑥填用变电站（发电厂）事故应急抢修单。

2）填用第一种工作票的工作为：①高压设备上工作需要全部停电或部分停电者；②二次系统和照明等回路上的工作，需要将高压设备停电者或做安全措施者；③高压电力电缆需停电的工作；④换流变压器、直流场设备及阀厅设备需要将高压直流系统或直流滤波器停用者；⑤直流保护装置、通道和控制系统的工作，需要将高压直流系统停用者；⑥换流阀冷却系统、阀厅空调系统、火灾报警系统及图像监视系统等工作，需要将高压直流系统停用者；⑦其他工作需要将高压设备停电或要做安全措施者。

3）填用第二种工作票的工作为：①控制盘和低压配电盘、配电箱、电源干线上的工作；②二次系统和照明等回路上的工作，无需将高压设备停电者或做安全措施者；③转动中的发电机、同期调相机的励磁回路或高压电动机转子电阻回路上的工作；④非运行人员用绝缘棒、核相器和电压互感器定相或用钳形电流表测量高压回路的电流；⑤大于表4-3距离的相关场所和带电设备外壳上的工作，以及无可能触及带电设备导电部分的工作；⑥高压电力电缆不需停电的工作；⑦换流变压器、直流场设备及阀厅设备上工作，无需将直流单、双极或直流滤波器停用者；⑧直流保护控制系统的工作，无需将高压直流系统停用者；⑨换流阀水冷系统、阀厅空调系统、火灾报警系统及图像监视系统等工作，无需将高压直流系统停用者。

4）填用带电作业工作票的工作为：带电作业或与邻近带电设备距离小于表4-3规定的工作。

表4-3　　　　　　　　　　　　　设备不停电时的安全距离

电压等级（kV）	10及以下（13.8）	20、35	63（66）、110	220	330	500
安全距离（m）	0.70	1.00	1.50	3.00	4.00	5.00

5）填用事故应急抢修单的工作为：事故应急抢修工作，即电气设备发生故障被迫紧急停止运行，需短时间内恢复的抢修和排除故障的工作，非连续进行的事故修复工作，应使用工作票。

6）一张工作票中，工作票签发人、工作负责人和工作许可人三者不得互相兼任。

7）工作票由工作负责人填写，也可以由工作票签发人填写。

（2）工作票使用制度。

1）一个工作负责人不能同时执行多张工作票，工作票上所列的工作地点，以一个电气连接部分为限。一个电气连接部分是指电气装置中，可以用隔离开关同其他电气装置分开的部分。如直流双极停用，换流变压器及所有高压直流设备均可视为一个电气连接部分。直流单极运行，停用极的换流变压器、阀厅、直流场设备、水冷系统可视为一个电气连接部分。双极公共区域为运行设备。

2）一张工作票上所列的检修设备应同时停、送电，开工前工作票内的全部安全措施应一次完成。若至预定时间，一部分工作尚未完成，需继续工作而不妨碍送电者，在送电前，应按照送电后现场设备带电情况，办理新的工作票，布置好安全措施后，方可继续工作。

3）若以下设备同时停、送电，可使用同一张工作票：①属于同一电压、位于同一平面场所，工作中不会触及带电导体的几个电气连接部分；②一台变压器停电检修，其断路器也配合检修；③全站停电。

4）工作票所列人员的基本条件：①工作票签发人；②工作负责人（监护人）。

5）工作许可人：①负责审查工作票所列安全措施是否正确、完备，是否符合现场条件；②工作现场布置的安全措施是否完善，必要时予以补充；③负责检查检修设备有无突然来电的危险；④对工作票所列内容即使发生很小疑问，也应向工作票签发人询问清楚，必要时应要求作详细补充。

6）专责监护人：①明确被监护人员和监护范围；②工作前对被监护人员交代安全措施，告知危险点和安全注意事项；③监督被监护人员遵守安全生产规程和现场安全措施，及时纠正不安全行为。

7）工作班成员：①熟悉工作内容、工作流程，掌握安全措施，明确工作中的危险点，并履行确认手续；②严格遵守安全规章制度、技术规程和劳动纪律，对自己在工作中的行为负责，互相关心工作安全，并监督本规程的执行和现场安全措施的实施；③正确使用安全工器具和劳动防护用品。

（3）工作许可制度。

1）工作许可人在完成施工现场的安全措施后，还应完成以下手续，工作班方可开始工作：①会同工作负责人到现场再次检查所做的安全措施，对具体的设备指明实际的隔离措施，证明检修设备确无电压；②对工作负责人指明带电设备的位置和注意事项；③和工作负责人在工作票上分别确认、签名。

2）运行人员不得变更有关检修设备的运行接线方式。工作负责人、工作许可人任何一方不得擅自变更安全措施，工作中如有特殊情况需要变更时，应先取得对方的同意并及时恢复。变更情况及时记录在值班日志内。

（4）工作监护制度。

1）工作许可手续完成后，工作负责人、专责监护人应向工作班成员交代工作内容、人员分工、带电部位和现场安全措施，进行危险点告知，并履行确认手续，工作班方可开始工作。工作负责人、专责监护人应始终在工作现场，对工作班人员的安全认真监护，及时纠正不安全的行为。

2）所有工作人员（包括工作负责人）不许单独进入、滞留在高压室、阀厅内和室外高压设备区内。若工作需要（如测量极性、回路导通试验、光纤回路检查等），而且现场设备允许时，可以准许工作班中有实际经验的一个人或几人同时在它室进行工作，但工作负责人应在事前将有关安全注意事项予以详尽地告知。

3）专责监护人：不得兼做其他工作。专责监护人临时离开时，应通知被监护人员停止工作或离开工作现场，待专责监护人回来后方可恢复工作。若专责监护人必须长时间离开工作现场时，应由工作负责人变更专责监护人，履行变更手续，并告知全体被监护人员。

（5）工作间断、转移和终结制度。

1）工作间断时，工作班人员应从工作现场撤出，所有安全措施保持不动，工作票仍由工作负责人执存，间断后继续工作，无需通过工作许可人。每日收工，应清扫工作地点，开放已封闭的通道，并将工作票交回运行人员。次日复工时，应得到工作许可人的许可，取回工作票，工作负责人应重新认真检查安全措施是否符合工作票的要求，并召开现场站班会后，方可工作。若无工作负责人或专责监护人带领，作业人员不得进入工作地点。

2）在未办理工作票终结手续以前，任何人员不准将停电设备合闸送电。在工作间断期间，若有紧急需要，运行人员可在工作票未交回的情况下合闸送电，但应先通知工作负责人，在得到工作班全体人员已经离开工作地点、可以送电的答复后方可执行。

3）检修工作结束以前，若需将设备试加工作电压，应按下列要求进行：①全体工作人员撤离工作地点；②将该系统的所有工作票收回，拆除临时遮栏、接地线和标示牌，恢复常设遮栏；③应在工作负责人和运行人员进行全面检查无误后，由运行人员进行加压试验，工作班若需继续工作时，应重新履行工作许可手续。

4）在同一电气连接部分用同一工作票依次在几个工作地点转移工作时，全部安全措施由运行人员在开工前一次做完，不需再办理转移手续。但工作负责人在转移工作地点时，应向工作人员交代带电范围、安全措施和注意事项。

（五）保证安全的技术措施

在电气设备上工作，保证安全的技术措施有停电操作、验电操作、接地操作、悬挂标示牌及装设遮栏（围栏）。上述措施由运行人员或有权执行操作的人员执行。

1. 停电操作

（1）工作地点，应停电的设备如下：

1）检修的设备。

2）与工作人员在进行工作中正常活动范围的距离小于表4-4规定的设备。

表4-4　　　　　　工作人员工作中正常活动范围与设备带电部分的安全距离

电压等级（kV）	安全距离（m）	电压等级（kV）	安全距离（m）
10及以下（13.8）	0.35	750	8.00
20、35	0.60	1000	9.50
63（66）、110	1.50	±50及以下	1.50
220	3.00	±500	6.80
330	4.00	±660	9.00
500	5.00	±800	10.10

3）在35kV及以下的设备处工作，安全距离虽大于表4-1规定，但小于表4-4规定，同时又无绝缘隔板、安全遮栏措施的设备。

4）带电部分在工作人员后面、两侧、上下，且无可靠安全措施的设备。

5）其他需要停电的设备。

（2）检修设备停电操作。应把各方面的电源完全断开（任何运行中的星形接线设备的中性点，应视为带电设备）。禁止在只经断路器（开关）断开电源或只经换流器闭锁隔离电源的设备上工作。应拉开隔离开关（刀闸），手车开关应拉至试验或检修位置，应使各方面有一个明显的断开点，若无法观察到停电设备的断开点，应有能够反映设备运行状态的电气和机械等指示。与停电设备有关的变压器和电压互感器，应将设备各侧断开，防止向停电检修设备反送电。对难以做到与电源完全断开的检修设备，可以拆除设备与电源之间的电气连接。

2. 验电操作

（1）验电时，应使用相应电压等级、合格的接触式验电器，在装设接地线或合接地开关（装置）处对各相分别验电。验电前，应先在有电设备上进行试验，确证验电器良好。

（2）高压验电应戴绝缘手套。验电器的伸缩式绝缘棒长度应拉足，验电时手应握在手柄处不得超过护环，人体应与验电设备保持表 4-1 中规定的距离。雨雪天气时不得进行室外直接验电。

（3）对无法进行直接验电的设备、高压直流输电设备和雨雪天气时的户外设备，可以进行间接验电，即通过设备的机械指示位置、电气指示、带电显示装置、仪表及各种遥测、遥信等信号的变化来判断。判断时，应有两个及以上的指示，且所有指示均已同时发生对应变化，才能确认该设备已无电；若进行遥控操作，则应同时检查隔离开关的状态指示、遥测、遥信信号及带电显示装置的指示进行间接验电。

（4）330kV 及以上的电气设备，可采用间接验电方法进行验电。

（5）表示设备断开和允许进入间隔的信号、经常接入的电压表等，如果指示有电，则禁止在设备上工作。

3. 接地操作

（1）装设接地线应由两人进行（经批准可以单人装设接地线的项目及运行人员除外）。

（2）当验明设备确已无电压后，应立即将检修设备接地并三相短路。电缆及电容器接地前应逐相充分放电，星形接线电容器的中性点应接地、串联电容器及与整组电容器脱离的电容器应逐个多次放电，装在绝缘支架上的电容器外壳也应放电。

（3）对于可能送电至停电设备的各方面都应装设接地线或合上接地开关（装置），所装接地线与带电部分应考虑接地线摆动时仍符合安全距离的规定。

（4）对于因平行或邻近带电设备导致检修设备可能产生感应电压时，应加装工作接地线或使用个人保安线，加装的接地线应记录在工作票上，个人保安线由工作人员自装自拆。

（5）在门型构架的线路侧进行停电检修，如工作地点与所装接地线的距离小于10m，工作地点虽在接地线外侧，也可不另装接地线。

（6）检修部分若分为几个在电气上不相连接的部分[如分段母线以隔离开关（刀闸）或断路器（开关）隔开分成几段]，则各段应分别验电接地短路。降压变电站全部停电时，应将各个可能来电侧的部分接地短路，其余部分不必每段都装设接地线或合上接地开关（装置）。

（7）接地线、接地开关与检修设备之间不得连有断路器（开关）或熔断器。若由于设备原因，接地开关与检修设备之间连有断路器（开关），在接地开关和断路器（开关）合上后，应有保证断路器（开关）不会分闸的措施。

（8）在配电装置上，接地线应装在该装置导电部分的规定地点，这些地点的油漆应刮去，并画有黑色标记。所有配电装置的适当地点，均应设有与接地网相连的接地端，接地电阻应合格。接地线应采用三相短路式接地线，若使用分相式接地线时，应设置三相合一的接地端。

（9）装设接地线应先接接地端，后接导体端，接地线应接触良好，连接应可靠。拆接地线的顺序与此相反。装、拆接地线均应使用绝缘棒和戴绝缘手套。人体不得碰触接地线或未接地的导线，以防止触电。带接地线拆设备接头时，应采取防止接地线脱落的措施。

（10）成套接地线由有透明护套的多股软铜线组成，其截面不得小于$25mm^2$，同时应满足装设地点短路电流的要求。禁止使用其他导线作接地线或短路线。接地线应使用专用的线夹固定在导体上，禁止用缠绕的方法进行接地或短路。

（11）禁止工作人员擅自移动或拆除接地线。高压回路上的工作，必须要拆除全部或一部分接地线后才能进行工作[如测量母线和电缆的绝缘电阻，测量线路参数，检查断路器（开关）触头是否同时接触]，如：①拆除一相接地线；②拆除接地线，保留短路线；③将接地线全部拆除或拉开接地开关（装置）。上述工作应征得运行人员的许可（根据调度员指令装设的接地线，应征得调度员的许可），方可进行。工作完毕后立即恢复。

（12）每组接地线均应编号，并存放在固定地点。存放位置也应编号，接地线号码与存放位置号码应一致。

（13）装、拆接地线，应做好记录，交接班时应交代清楚。

4. 悬挂标示牌及装设遮栏（围栏）

（1）在一经合闸即可送电到工作地点的断路器（开关）和隔离开关（刀闸）的操作把手上，均应悬挂"禁止合闸，有人工作！"的标示牌。如果线路上有人工作，应在线路断路器（开关）和隔离开关（刀闸）操作把手上悬挂"禁止合闸，线路有人工作！"的标示牌。对由于设备原因，接地开关与检修设备之间连有断路器（开关），在接地开关和断路器（开关）合上后，在断路器（开关）操作把手上，应悬挂"禁止分闸！"的标示牌。在显示屏上进行操作的断路器（开关）和隔离开关（刀闸）的操作处均应相应设置"禁止合闸，有人工作！"或"禁止合闸，线路有人工作！"以及"禁止分闸！"的标记。

（2）部分停电的工作，安全距离小于表4-1规定距离以内的未停电设备，应装设临时遮栏，临时遮栏与带电部分的距离不得小于表4-4的规定数值，临时遮栏可用干燥木材、橡胶或其他坚韧绝缘材料制成，装设应牢固，并悬挂"止步，高压危险！"的标示牌。35kV及以下设备的临时遮栏，如因工作特殊需要，可用绝缘隔板与带电部分直接接触。绝缘隔板的绝缘性能应符合要求。

（3）在室内高压设备上工作，应在工作地点两旁及对面运行设备间隔的遮栏（围栏）上和禁止通行的过道遮栏（围栏）上悬挂"止步，高压危险！"的标示牌。

（4）高压开关柜内手车开关拉出后，隔离带电部位的挡板封闭后禁止开启，并设置"止步，高压危险！"的标示牌。

（5）在室外高压设备上工作，应在工作地点四周装设围栏，其出入口要围至邻近道路旁边，并设有"从此进出！"的标示牌。工作地点四周围栏上悬挂适当数量的"止步，高压危险！"标示牌，标示牌应朝向围栏里面。若室外配电装置的大部分设备停电，只有个别地点保留有带电设备而其他设备无触及带电导体的可能时，可以在带电设备四周装设全封闭围栏，围栏上悬挂适当数量的"止步，高压危险！"标示牌，标示牌应朝向围栏外面。禁止越过围栏。

（6）在工作地点设置"在此工作！"的标示牌。

（7）在室外构架上工作，则应在工作地点邻近带电部分的横梁上，悬挂"止步，高压危险！"的标示牌。在工作人员上下铁架或梯子上，应悬挂"从此上下！"的标示牌。在邻近其他可能误登的带电构架上，应悬挂"禁止攀登，高压危险！"的标示牌。

（8）禁止工作人员擅自移动或拆除遮栏（围栏）、标示牌。因工作原因必须短时移动或拆除遮栏（围栏）、标示牌，应征得工作许可人同意，并在工作负责人的监护下进行。完毕后应立即恢复。

（9）直流换流站单极停电工作，应在双极公共区域设备与停电区域之间设置围栏，在围栏面向停电设备及运行阀厅门口悬挂"止步，高压危险！"标示牌。在检修阀厅和直流场设备处设置"在此工作"的标示牌。

（六）电气试验

1. 高压试验

（1）高压试验应填用变电站（发电厂）第一种工作票。在高压试验室（包括户外高压试验场）进行试验时，按 DL 560—1995《电业安全工作规程（高压试验室部分）》的规定执行。

（2）在同一电气连接部分，高压试验工作票发出时，应先将已发出的检修工作票收回，禁止再发出第二张工作票。如果试验过程中，需要检修配合，应将检修人员填写在高压试验工作票中。

（3）在一个电气连接部分同时有检修和试验时，可填用一张工作票，但在试验前应得到检修工作负责人的许可。如加压部分与检修部分之间的断开点，按试验电压有足够的安全距离，并在另一侧有接地短路线时，可在断开点的一侧进行试验，另一侧可继续工作。但此时在断开点应挂有"止步，高压危险！"的标示牌，并设专人监护。

（4）高压试验工作不得少于两人。试验负责人应由有经验的人员担任，开始试验前，试验负责人应向全体试验人员详细布置试验中的安全注意事项，交代邻近间隔的带电部位，以及其他安全注意事项。

（5）因试验需要断开设备接头时，拆前应做好标记，接后应进行检查。

（6）试验装置的金属外壳应可靠接地；高压引线应尽量缩短，并采用专用的高压试验线，必要时用绝缘物支持牢固，与相邻设备保持安全距离。试验装置的电源开关，应使用明显断开的双极刀闸。为了防止误合刀闸，可在刀刃上加绝缘罩。试验装置的低压回路中应有两个串联电源开关，并加装过载自动跳闸装置。

（7）试验现场应装设遮栏或围栏，遮栏或围栏与试验设备高压部分应有足够的安全距离，向外悬挂"止步，高压危险！"标示牌，并派人看守。被试设备两端不在同一地点时，另一端还应派人看守。

（8）加压前应认真检查试验接线，使用规范的短路线，表计倍率、量程、调压器零位及仪表的开始状态均正确无误，经确认后，通知所有人员离开被试设备，并取得试验负责人许可，方可加压。加压过程中应有人监护并呼唱。

（9）高压试验工作人员在全部加压过程中，应精力集中，随时警惕异常现象发生，操作人应站在绝缘垫上。

（10）变更接线或试验结束时，应首先断开试验电源、放电，并将升压设备的高压部分放电、短路接地。

（11）未装接地线的大电容被试设备，应先行放电再做试验。高压直流试验时，每告一段落或试验结束时，应将设备对地放电数次并短路接地。

（12）试验结束时，试验人员应拆除自装的接地短路线，并对被试设备进行检查，恢复试验前的状态，经试验负责人复查后，进行现场清理。

（13）变电站、发电厂升压站发现有系统接地故障时，禁止进行接地网接地电阻的测量。

（14）特殊的重要电气试验，应有详细的安全措施，并经单位分管生产的领导（总工程师）批准。

2.使用携带型仪器的测量工作

（1）使用携带型仪器在高压回路上进行工作，至少由两人进行。需要高压设备停电或做安全措施的，应填用变电站（发电厂）第一种工作票。

（2）除使用特殊仪器外，所有使用携带型仪器的测量工作，均应在电流互感器和电压互感器的二次侧进行。

（3）电流表、电流互感器及其他测量仪表的接线和拆卸，需要断开高压回路者，应将此回路所连接的设备和仪器全部停电后，始能进行。

（4）电压表、携带型电压互感器和其他高压测量仪器的接线和拆卸无需断开高压回路者，可以带电工作，但应使用耐高压的绝缘导线，导线长度应尽可能缩短，不准有接头，并应连接牢固，以防接地和短路。必要时用绝缘物加以固定。使用电压互感器进行工作时，应先将低压侧所有接线接好，然后用绝缘工具将电压互感器接到高压侧。工作时应戴手套和护目眼镜，站在绝缘垫上，并应有专人监护。

（5）连接电流回路的导线截面，应适合所测电流数值。连接电压回路的导线截面积不得小于1.5mm^2。

（6）非金属外壳的仪器，应与地绝缘，金属外壳的仪器和变压器外壳应接地。

（7）测量用装置必要时应设遮栏或围栏，并悬挂"止步，高压危险！"的标示牌。仪器的布置应使工作人员距带电部位不小于表4–2规定的安全距离。

3. 使用钳形电流表的测量工作

（1）运行人员在高压回路上使用钳形电流表的测量工作，应由两人进行。非运行人员测量时，应填用变电站（发电厂）第二种工作票。

（2）在高压回路上测量时，禁止用导线从钳形电流表另接表计测量。

（3）测量时若需拆除遮栏，应在拆除遮栏后立即进行。工作结束，应立即将遮栏恢复原状。

（4）使用钳形电流表时，应注意钳形电流表的电压等级。测量时戴绝缘手套，站在绝缘垫上，不得触及其他设备，以防短路或接地。观测表计时，要特别注意保持头部与带电部分的安全距离。

（5）测量低压熔断器和水平排列低压母线电流时，测量前应将各相熔断器和母线用绝缘材料加以保护隔离，以免引起相间短路，同时应注意不得触及其他带电部分。

（6）在测量高压电缆各相电流时，电缆头线间距离应在 300mm 以上，且绝缘良好，测量方便者，方可进行。当有一相接地时，禁止测量。

（7）钳形电流表应保存在干燥的室内，使用前要擦拭干净。

4.使用绝缘电阻表测量绝缘的工作

（1）使用绝缘电阻表测量高压设备绝缘，应由两人进行。

（2）测量用的导线，应使用相应的绝缘导线，其端部应有绝缘套。

（3）测量绝缘时，应将被测设备从各方面断开，验明无电压，确实证明设备无人工作后，方可进行。在测量中禁止他人接近被测设备。在测量绝缘前后，应将被测设备对地放电。测量线路绝缘时，应取得许可并通知对侧后方可进行。

（4）在有感应电压的线路上测量绝缘时，应将相关线路同时停电，方可进行。雷电时，禁止测量线路绝缘。

（5）在带电设备附近测量绝缘电阻时，测量人员和绝缘电阻表安放位置，应选择适当，保持安全距离，以免绝缘电阻表引线或引线支持物触碰带电部分。移动引线时，应注意监护，防止工作人员触电。

（七）一般安全措施

1.一般注意事项

（1）任何人进入生产现场（办公室、控制室、值班室和检修班组室除外），应戴安全帽。

（2）在带电设备周围严禁使用钢卷尺、皮卷尺和线尺（夹有金属丝者）进行测量工作。

（3）在户外变电站和高压室内搬动梯子、管子等长物，应两人放倒搬运，并与带电部分保持足够的安全距离。

（4）在变、配电站（开关站）的带电区域内或邻近带电线路处，禁止使用金属梯子。

2.一般电气安全注意事项

（1）所有电气设备的金属外壳均应有良好的接地装置。使用中不准将接地装置拆除或对其进行任何工作。

（2）手持电动工器具如有绝缘损坏、电源线护套破裂、保护线脱落、插头插座裂开或有损于安全的机械损伤等故障时，应立即进行修理，在未修复前，不得继续使用。

（3）遇有电气设备着火时，应立即将有关设备的电源切断，然后进行救火。消防器材的配备、使用、维护，消防通道的配置等应遵守 DL 5027—2015《电力设备典型消防规程》的规定。

（4）工作场所的照明，应该保证足够的亮度。在操作盘、重要表计、主要楼梯、通道、调度室、机房、控制室等地点，还应设有事故照明。现场的临时照明线路应相对固定，并经常检查、维修。照明灯具的悬挂高度应不低于2.5m，并不得任意挪动；低于 2.5m 时应设保护罩。

（5）检修动力电源箱的支路开关都应加装剩余电流动作保护器（漏电保护器）并应定期检查和试验。

3. 一般工具的使用

（1）使用工具前应进行检查，机具应按其出厂说明书和铭牌的规定使用，不准使用已变形、已破损或有故障的机具。

（2）大锤和手锤的锤头应完整，其表面应光滑微凸，不准有歪斜、缺口、凹入及裂纹等情形。大锤及手锤的柄应用整根的硬木制成，不准用大木料劈开制作，也不能用其他材料替代，应装得十分牢固，并将头部用楔栓固定。锤把上不可有油污。不准戴手套或用单手抡大锤，周围不准有人靠近。狭窄区域，使用大锤应注意周围环境，避免反击力伤人。

（3）用凿子凿坚硬或脆性物体时（如生铁、生铜、水泥等），应戴防护眼镜，必要时装设安全遮栏，以防碎片打伤旁人。凿子被锤击部分有伤痕不平整、沾有油污等，不准使用。

（4）锉刀、手锯、木钻、螺丝刀等的手柄应安装牢固，没有手柄的不准使用。

（5）使用钻床时，应将工件设置牢固后，方可开始工作。清除钻孔内金属碎屑时，应先停止钻头的转动。禁止用手直接清除铁屑。使用钻床时不准戴手套。

（6）使用金属外壳的电气工具时应戴绝缘手套。

（7）使用电气工具时，不准提着电气工具的导线或转动部分。在梯子上使用电气工具，应做好防止感应电坠落的安全措施。在使用电气工具工作中，因故离开工作场所或暂时停止工作以及遇到临时停电时，应立即切断电源。

（8）气瓶的存储应符合国家有关规定。禁止把氧气瓶及乙炔气瓶放在一起运送，也不准与易燃物品或装有可燃气体的容器一起运送。

（9）氧气瓶内的压力降到 0.2MPa（兆帕）不准再使用。用过的瓶上应写明"空瓶"。

（10）使用中的氧气瓶和乙炔气瓶应垂直放置并固定起来，氧气瓶和乙炔气瓶的距离不得小于 5m，气瓶的放置地点，不准靠近热源，应距明火 10m 以外。

4. 起重与运输

（1）起重设备需经检验检测机构检验合格，并在特种设备安全监督管理部门登记。

（2）起重设备的操作人员和指挥人员应经专业技术培训，并经实际操作及有关安全规程考试合格、取得合格证后方可独立上岗作业，其合格证种类应与所操作（指挥）的起重机类型相符合。起重设备作业人员在作业中应当严格执行起重设设备的操作规程和有关的安全规章制度。

（3）凡属下列情况之一者，应制订专门的安全技术措施，经本单位分管生产的领导（总工程师）批准，作业时应有技术负责人在场指导，否则不准施工：①重量达到起重设备额定负荷的 90% 及以上；②两台及以上起重设备抬吊同一物件；③起吊重要设备、精密物件、不易吊装的大件或在复杂场所进行大件吊装；④爆炸品、危险品必须起吊时；⑤起重设备在带电导体下方或距带电体较近时。

（4）起重物品应绑牢，吊钩要挂在物品的中心线上。

（5）遇有 6 级以上的大风时，禁止露天进行起重工作。当风力达到 5 级以上时，受风面积较大的物体不宜起吊。

（6）遇有大雾、照明不足、指挥人员看不清各工作地点或起重机操作人员未获得有效指挥时，不准进行起重工作。

（7）吊物上不许站人，禁止作业人员利用吊钩来上升或下降。

（8）禁止用起重机起吊埋在地下的物件。

（9）钢丝绳端部用绳卡固定连接时，绳卡压板应在钢丝绳主要受力的一边，不得正反交叉设置；绳卡间距不应小于钢丝绳直径的6倍。钢丝绳端部固定用卡数量见表4-5。

表 4-5　　　　　　　　　　　钢丝绳端部固定用卡数量

钢丝绳直径（mm）	7~18	19~27	28~37	38~45
绳卡数量（个）	3	4	5	6

（10）链条葫芦：使用前应检查吊钩、链条、传动装置及刹车装置是否良好。吊钩、链轮、倒卡等有变形时，以及链条直径磨损量达10%时，禁止使用。

（八）高处作业

1. 一般注意事项

（1）凡在坠落高度基准面2m及以上的高处进行的作业，都应视作高处作业。

（2）凡参加高处作业的人员，应每年进行一次体检。

（3）高处作业均应先搭设脚手架、使用高空作业车、升降平台或采取其他防止坠落措施，方可进行。

（4）在屋顶以及其他危险的边沿进行工作，临空一面应装设安全网或防护栏杆，否则，工作人员应使用安全带。

（5）在没有脚手架或者在没有栏杆的脚手架上工作，高度超过1.5m时，应使用安全带，或采取其他可靠的安全措施。

（6）安全带和专作固定安全带的绳索在使用前应进行外观检查。安全带应定期抽查检验，不合格的不准使用。

（7）在电焊作业或其他有火花、熔融源等的场所使用的安全带或安全绳应有隔热防磨套。

（8）安全带的挂钩或绳子应挂在结实牢固的构件上，或专为挂安全带用的钢丝绳上，并应采用高挂低用的方式。禁止系挂在移动或不牢固的物件上（如隔离开关（刀闸）支持绝缘子、电容式绝缘子、母线支柱绝缘子、避雷器支柱绝缘子等）。

（9）高处作业人员在作业过程中，应随时检查安全带是否拴牢。高处作业人员在转移作业位置时不准失去保护。

（10）高处作业使用的脚手架应经验收合格后方可使用。上下脚手架应走坡道或梯子，作业人员不准沿脚手杆或栏杆等攀爬。

（11）高处作业应一律使用工具袋。较大的工具应用绳拴在牢固的构件上，工件、边角余料应放置在牢靠的地方或用铁丝扣牢并有防止坠落的措施，不准随便乱放，以防止从高空坠落发生事故。

（12）在进行高处作业时，除有关人员外，不准他人在工作地点的下面通行或逗留，工作地点下面应有围栏或装设其他保护装置，防止落物伤人。如在格栅式的平台上工作，为了防止工具和器材掉落，应采取有效隔离措施，如铺设木板等。

（13）禁止将工具及材料上下投掷，应用绳索拴牢传递，以免打伤下方工作人员或击毁脚手架。

（14）高处作业区周围的孔洞、沟道等应设盖板、安全网或围栏并有固定其位置的措施。同时，应设置安全标志，夜间还应设红灯示警。

（15）低温或高温环境下进行高处作业，应采取保暖和防暑降温措施，作业时间不宜过长。

（16）在6级及以上的大风以及暴雨、雷电、冰雹、大雾、沙尘暴等恶劣天气下，应停止露天高处作业。特殊情况下，确需在恶劣天气进行抢修时，应组织人员充分讨论必要的安全措施，经本单位分管生产的领导（总工程师）批准后方可进行。

（17）脚手架的安装、拆除和使用，应执行《国家电网公司电力安全工作规程（火、水电厂动力部分）》《国家电网公司电力安全工作规程（水电厂动力部分）》中的有关规定及国家相关规程规定。

（18）利用高空作业车、带电作业车、叉车、高处作业平台等进行高处作业时，高处作业平台应处于稳定状态，需要移动车辆时，作业平台上不得载人。

2. 梯子的使用

（1）梯子应坚固完整，有防滑措施。梯子的支柱应能承受作业人员及所携带的工具、材料攀登时的总重量。

（2）硬质梯子的横挡应嵌在支柱上，梯阶的距离不应大于40cm，并在距梯顶1m处设限高标志。使用单梯工作时，梯与地面的斜角度为60°。

（3）梯子不宜绑接使用，人字梯应有限制开度的措施。人在梯子上时，禁止移动梯子。

第二节　作业现场典型事故伤害

一、确保安全超前防范

在电力安全生产中，要确保人身安全、电网安全、设备安全，电力生产安全事故可能导致人生伤亡事故、电网瓦解事故和设备损坏事故的发生。近些年来，公司系统安全生产局面稳定，这是多年来坚持"安全第一、预防为主"的方针，不断加强安全管理与安全管控水平，提高全员安全意识，夯实安全基础的结果。但要实现安全生产长治久安，确保安全"能控、可控、在控"，仍需要不断强化安全意识，加强安全教育培训，扎实安全基础工作，以案促改，任何时候都不能掉以轻心和麻痹松懈。在现有条件下，发生大面积停电和人身伤亡事故的风险始终存在，确保安全，超前防范始终是工作的首要任务。

二、人身伤亡事故定义

人身伤亡事故，是指在电力生产过程中因为某种原因发生的人身死亡、伤害事故，一般表现为在电力生产过程中发生的触电、高空坠落、机械伤害、急性中毒、爆炸、火灾、建筑物倒塌、交通肇事等。

三、人身伤亡事故案例

××××超高压公司进行 500kV 更换绝缘子作业，发生高处坠落人身死亡事故

（1）事故简况：××××年×月×日至×日，××××超高压公司送电工区进行 500kV×× Ⅰ号线更换绝缘子作业，全线共分 6 个作业组。×月×日，作业进行到第五天，第三作业组负责人周×，带领作业人员乌×等 8 人，进行 103 号塔瓷质绝缘子更换为合成绝缘子工作。塔上作业人员乌×、邢×在更换完成 B 相合成绝缘子后，准备安装重锤片。邢×首先沿软梯下到导线端，14 时 16 分，乌×随后在沿软梯下降过程中，不慎从距地面 33m 高处坠落至地面，送医院抢救无效死亡。

（2）事故调查确认，乌×在沿软梯下降前，已经系了安全带保护绳，但扣环没有检查扣好。在沿软梯下降过程中，没有采用"沿软梯下降时，应在软梯的侧面上下，应抓稳踩牢，稳步上下"的规定操作方法，而是手扶合成绝缘子、脚踩软梯下降，不慎坠落。

（3）事故原因及暴露问题。

1）工作班成员乌×的违章行为是造成此次事故的直接原因。首先，乌×在系安全带后没有检查安全带保护绳扣环是否扣牢，违反《输电安全工作规程》的规定。其次，在沿软梯下降时，乌×违反工区制定的使用软梯的规定。工作负责人没有实施有效监护，默许乌×使用软梯的违规操作方式，工作负责人周×监护不到位是造成此次事故的间接原因。

2）人员违章问题突出。作业人员在工区对软梯使用方法有明确规定的情况下，仍然使用习惯性的做法，表现出对规定和要求的漠视，说明反违章工作开展不力。

3）培训的针对性和实效性亟待加强。员工实际操作技能较差，基本技能欠缺。

4）安全意识和风险意识不强。对沿软梯上下的风险估计不足，在作业指导书和技术交底过程中，都没有强调软梯的使用。

（4）防范措施。

1）坚持"安全第一、预防为主"的方针，加强安全管理，重点是各种规章制度和措施的落实，并加大反违章工作的管理力度，吸取教训，深究自身存在的问题与不足。

2）每次作业组织开展好班前会，认真做好危险点分析，并制订具体的安全措施并逐条落实；要严格执行安全交底制度，做好作业指导书编制、审核和执行工作。

3）吸取事故教训，提高职工的安全意识及自我防护能力，工作人员工作过程中要严格执行《电力安全工作规程》的要求，养成安全工作的习惯，监护人员全过程认真履行监护责任。工作前做到作业任务清楚、危险点清楚、作业程序清楚、安全措施清楚。

4）高处作业人员必须系安全带，安全带应挂在牢固可靠处，不允许低挂高用。系安全带后应检查扣环是否扣牢。

5）对施工作业使用的工具、设备，以及劳动保护设施和防护用品的配备等进行检查，都要符合安全要求；对登高工器具、起重工具、电气绝缘工具等要进行全面检查，并按周期进行试验，责任落实到人，做到全过程管理，对于有安全隐患或功能有缺陷的停止使用。

四、电力生产设备事故

1.电力生产设备事故概念

电力生产设备事故是指电力生产设备在运行过程中发生异常、故障或发生损坏而被迫停运，一定时间内造成对用户的少供电或少供热，或者被迫中断供电供热的事故。

2.设备损坏事故案例

（1）×××送变电公司"3.10"组塔施工造成220kV跳闸故障。

事故简况：××××年×月×日开始组立500kV××线41号塔，送变电公司第六分公司施工 52 队 6 班工作负责人金 × 带领 ××× 送变电工程公司人员 20 人，采用内抱杆外拉线方法按作业指导书施工。3 月 10 日 10 时许，工作负责人金 × 因肚子疼痛，向施工指挥周 × 交代后，便坐车离开现场。10 时 30 分左右，最后一段吊至就位时（吊重 1.56t，距地面 56m），控制溜绳桩锚打在距 220kV ×× 线边线内侧 5m 处，溜绳对地夹角 44°，直径 9.3 mm 的钢丝绳，在吊装塔扇时，作业指挥不当，起吊过快，塔扇下端溜绳（钢丝绳）卡住不能放松，溜绳受力过大，溜绳尾部及缓冲器从桩锚上部脱出（地锚钎子上端未采取防脱出措施），负责看溜绳的汪 × 和蒋 × 两人均瞬间脱手，此时在 ×× 线边线内侧地面的余绳还有 20 多米被甩向天空，沿着受力方向飞速收缩，瞬间造成 220kV ×× 线对其溜绳放电跳闸，幸未造成人员伤亡。

（2）事故原因及暴露的问题。

1）施工组织技术措施时，对在带电线路附近施工的危险点的控制措施不具体，针对性不强，对溜绳的使用及注意的安全事项，溜绳的地锚打法，危险点及防范措施都没有明确的规定。

2）项目经理对本施工地段危险点掌握不够致使不能到岗到位，虽然制定了安全施工作业票，但对执行情况缺乏检查使安全施工作业票流于形式。

3）对临近带电体作业没有引起足够的重视，重要的危险部位作业全部交给临时工去实施，没有安全技术人员到场监督，施工人员安全意识淡薄，工作票执行不严肃、不认真，查找的危险点不准确。

4）工作负责人因病离开岗位，未能对重要危险点做好防止事故措施的交代，施工指挥周 × 违章指挥，二人对事故均负有直接主要责任。

5）项目部对重要施工危险点如何控制的措施没有认真审定，更没有把危险点控制责任落到实处，分包工程以包代管。

6）监理公司对施工中重要的安全节点重视不够，重要施工危险点到位监理责任没有落到实处。

7）××× 送变电公司对安全施工作业票执行中流于形式问题未引起足够重视，安全管理上存在严重漏洞，安全监督不到位。

8）供电公司送电工区虽然送达了影响线路安全运行整改通知书，要求其组塔架线前到送电工区办理相关汇签手续，但未将工作进一步做细，对于邻近运行线路施工作业存在着跟踪监护不到位、防范外力破坏的措施不得力，未能做到超前预控。

（3）防范措施。

1）×××送变电公司各施工项目部停工整顿 2 天，进行隐患排查。

2）明确注意事项：一是明确在邻近带电体作业时对邻近带电体的安全距离，二是明确对危险点的控制措施，包括施工安全措施、现场安全施工作业票签发、审核等都要落到实处。

3）省公司电建分公司对施工单位、监理单位要提出明确的安全要求，要求掌握所有的危险点，落实危险点预控措施，做到有布置、有检查、有考核。

4）×××送变电公司要严格对邻近带电体施工的管理，加大对项目负责人、工作负责人、安全负责人的培训力度，防止引发运行设备故障。要加大现场作业安全管理力度，对邻近带电线路施工的场地布置，必须指定工程技术人员专人定位布置，并有专人检查落实情况。

5）监理公司要注重提高监理人员的安全意识，对所有施工的危险都要认真分析，提出安全监理要求和防止事故的措施，对施工中重要的安全节点要进行旁站监理。

6）各建设单位、监理单位、施工单位要对所有施工项目，进行全面排查，凡有邻近带电线路作业的，必须统计上报并制定相应安全措施逐级审批后方可施工。

7）各施工单位要认真执行工作票制度，对重要及危险作业项目的施工，必须有针对性防范措施，其工作票由项目部总工签发。

8）各运行单位要加强对施工现场的巡视和检查，严格管理，责任到位，对工程施工可能危及线路安全的要设专人监督。

9）生产、基建管理部门对在建工程所有邻近带电部位进行一次普查，对已有的安全措施要进行审查核准后方可施工并做好监督工作；对没有安全措施或安全措施不可靠的要坚决停工整顿。

五、电网瓦解事故

1.电网瓦解事故定义

电网瓦解事故具有停电范围大，影响面广，甚至会对国民经济和社会稳定带来严重影响的特点。因此，长期以来，电网企业一直把防范电网事故，特别是防止大面积停电和电网瓦解事故，作为确保电网安全稳定运行工作的重中之重。

2.电网瓦解事故案例

（1）事故概况。

1）××电网一吊车工作时与网内110kV××Ⅱ线路碰撞，造成××Ⅱ线的B相和光缆损坏。聚乙烯变电站的110kV××Ⅰ、Ⅱ线距离Ⅰ段保护均动作跳闸，110kV××Ⅱ线（×业电厂侧）距离Ⅲ段保护动作跳闸，×辰电厂110kVⅠ、Ⅱ母母联和110kVⅢ、Ⅳ母母联复压闭锁过电流保护动作跳闸。×辰电厂母联1和母联2跳开后，电网被分为两个系统。

2）系统一：×辰电厂7、10号机组通过110kV辰×Ⅰ、Ⅱ线、×石Ⅰ、Ⅱ线、×石A、B线与×业电厂1~6号机组联网，该系统内变电站有创新变电站、电石变电站、聚乙烯变电站。系统处于孤网运行状态，发电339MW，用电400MW，频率快速下降。

3）系统二：×辰电厂8、9号机组通过110kV×伟Ⅰ、Ⅱ线、和×Ⅰ、Ⅱ线、瑞×Ⅰ、Ⅱ线与×能电厂11、12号机组联网，系统内变电站有110kV伟业变压器、和谐变压器、团结变压器。系统二通过220kV线路1与省网联网，发电760MW，用电460 MW，上网251.6MW。由于系统二上网251.6MW，此时电网稳控系统启动。区域稳控动作切6、7号发电机组（策略为上网过功率切机，定值100MW，动作时限4s），省调稳控系统动作断开220kV联络线，此时系统二也为孤网运行状态。

4）系统一孤网后发电出力小于用电负荷，区域稳控根据匹配功率动作切除6、7号机组（无法识别出电网已分为两个系统），加剧了该系统内的发电出力用电负荷的不平衡，低周减载动作切除110kV创新变压器、电石变压器负荷后，系统频率仍严重偏低无法维持，该系统内 1~5 号、10 号发电机组因主汽门关闭机组跳闸。系统一最终跨网停电。

5）系统二区域稳控动作切除系统一 6、7 号发电机后，未能缓解系统二的上网，最终省网稳控系统动作断开 220kV 联络线 1（策略为过功率解列上网定值 130MW，动作时限 8s），该系统二内发电出力大于用电负荷，频率急剧上升，此时该系统内各发电机超速保护（OPC）动作定值相同，四台机组 OPC 同时动作，等机组转速降至 3000rad/min 时，调门又同时开启，反复数次，系统二进入"功率振荡"状态，持续数分钟后 8、9、11、12 号发电机组热工保护动作跳闸。系统二最终断网停电。

（2）事故原因分析。

1）吊车作业外力破坏 110kV××Ⅱ线和光缆是事故发生的直接原因，致使 110kV××Ⅱ线在短路故障情况下主保护不能动作快速切除故障，通过后备保护距离保护Ⅲ段动作来切除故障点。如此长时间的持续短路电流导致 × 辰电厂母联复压过电流保护动作跳闸电网一分为二，同时因系统一内电压频率急剧下降，导致很多低压设备及厂用电系统设备跳闸，也是系统一后期机组跳闸垮网的主要原因。

2）区域稳控装置由于厂家自身的细节设计原则和设计逻辑，无法配置 × 辰电厂母联跳闸后的方式，使得系统二功率上网越线时切系统一的机组；稳控装置厂家防止误动乱动的细节设计原则，在切除 6、7 号机组策略出口后不再执行策略，使得省调稳控动作切除 220kV 联络线；系统后，稳控装置无法做到识别复杂的电网状态，不再执行策略。稳控装置的以上特性，是事故扩大的原因之一。

3）系统二内机组超速保护 OPC 定值一致，无阶梯配合，使系统二孤网后出现功率振荡，这是事故扩大的原因之一。

4）× 辰电厂 110kV 母联 1 和 110kV 母联 2 复压过电流保护动作跳闸，使电网一分为二。由于稳控无法识别电网的变化，稳控动作切除 6、7 号机组未达到应有效果，却适得其反。

（3）防范措施。

1）在重要的、易发生事故的110kV线路上配置双套光纤差动保护，采用不同的光纤路由通道，确保电网事故的第一道防线可靠快速动作切除故障。

2）退出110kV母联1及母联2的过电流保护。110kV母联1和母联2过电流保护动作开关跳闸（此时将×业电网分为系统一和系统二），且区域稳控系统无法根据方式的变化执行正确切机、切负荷策略是导致事故扩大，最终使电网瓦解的根本原因；母联过电流保护作为后备保护，在电厂及变电站内相关设备主保护完好并投入的情况下，并结合电网的实际运行方式、负荷性质建议退出母联过电流保护。这样在今后发生类似故障时可以有效避免电网全黑事故的发生。

3）稳控厂家应进一步深入研究，充分发挥稳控的功能，针对此次事故制定相应的稳控策略和解决办法。稳控策略执行判据一般为电流和功率，由于系统故障，电网被分成系统一、系统二后，因两个系统的发供电负荷不平衡而导致频率不同（前面有赘述），如果稳控判据在原有的基础上增加一个频率的辅助判据，根据系统一、系统二的频率，正确地判断出事故发生时电网的运行方式，频率高的系统采取切机而频率低的系统采取切负荷策略，这样区域稳控装置就可以有针对性地采取相应的切机、切负荷策略，以保证电网的安全、稳定运行。

4）结合各机组OPC定值允许的上限值，制定出各机组OPC定值的阶梯配合整定原则，防止今后发生因OPC定值配合不当引起的"电网功率振荡"。

第三节　生产现场安全活动

一、安全生产现场互动理念

确保安全生产，除了在根本上夯实安全基础，加强个人安全意识，提高整体安全管理水平，还需要在生产活动现场开展各类安全活动，以便更加直接地宣贯安全思想，提高安全意识，促进安全管控水平整体提升。

二、安全生产月活动

安全生产月开始于 1980 年 5 月，在全国开展该活动（1991 年—2001 年改为"安全生产周"），每年 6 月都开展安全生产月活动，使之经常化、制度化。安全生产月活动旨在最大限度地消除身边的事故隐患，遏制重特大事故发生，促进安全生产形势稳定好转。活动贯彻"安全第一、预防为主"的方针，突出"安全责任重于泰山"这一主题，普及安全生产的法律法规和安全知识。为了进一步强化各级、各岗位的安全生产责任制，在安全生产工作上真正做到各司其职、各负其责，活动主题定为"安全责任重于泰山"。另外，国家电网公司还举行了"安全生产万里行"活动，全国各地区继续开展安全生产检查，企业进行安全生产自查，重点放在制度建设、遵章守纪、设备设施运行状况等方面。国家电网公司积极开展安全生产月活动，当下，安全生产月活动已经是公司一年工作中非常重要的任务，依托安全生产月，各部门开展各类安全活动，让安全进现场、让安全进班组，确保安全活动的影响贯彻落实到每个人。

三、春、秋季安全大检查

为全面贯彻落实"安全第一、预防为主、综合治理"的安全生产方针，预防季节性事故发生，确保工作人员安全生产，电网、设备、线路安全稳定运行，国家电网公司及各分部、网省公司、各地市公司等单位在春季、秋季结合春检、秋检等施工现场多、气候变化大、重大节日及政治活动多的时间档口开展春季、秋季安全大检查。

1.春、秋季安全大检查检查重点

（1）各级人员的安全生产责任制是否落实，责任是否清晰、明确。

（2）各级领导对上级有关安全生产政策、制度、规定等是否贯彻执行，各项反事故措施是否落实，各项规程、制度是否齐全、完整，符合企业管理实际并按规定进行审批和修订；是否存在有章不循、违章不纠的现象。

（3）安全生产第一责任人是否对发生的主要事故亲自主持调查，是否定期组织召开安全分析会，是否对安全措施的资金予以保证，是否对发生的不安全情况按照"四不放过"的原则进行处理，是否对存在的安全隐患组织解决或制定切实可行的预防措施，是否对防范措施落实情况进行检查。

（4）安全生产第一责任人是否定期深入现场检查和参加基层单位的安全活动，安全活动内容是否符合实际，是否定期开展反事故演习。

（5）特种作业人员是否按规定经专门的安全作业培训，取得特种作业操作资格证书。

（6）施工、检修现场安全、组织、技术措施是否完备，安全秩序是否良好；在执行安全组织措施和技术措施中是否存在不认真、不重视、敷衍了事、违章等不良倾向。施工现场是否存在严重的安全隐患。

2. 春秋季安全大检查总结

通过春、秋季安全大检查，对总体情况进行总结，在设备、设施及工作场所消除威胁人身和设备安全运行的重大缺陷和隐患，整改尚存重大缺陷和隐患，制定防止事故发生的措施，消除在安全生产管理上存在的主要问题和薄弱环节，总结春（秋）检中有哪些好的做法、经验和应吸取的教训，确保人身、电网、设备的安全稳定。

四、党员"三带三有"活动

1. 活动意义

为加强工作现场人员安全意识，确保消除安全隐患，防止违章行为出现，不断拓宽党建工作与安全生产融合深度和广度，以党建引领力确保现场安全生产，国家电网公司开展了现场"三带三有"活动，以党员身边无事故"三带三有"活动为指导，坚持党员带头不违章、党员带领反违章、党员带动无违章，做到关键岗位有党员守着，作业现场有党员盯着，重要环节有党员把着，切实把旗帜擎举起来，把党员组织起来，把职工发动起来，全面实现由"要我安全"向"我要安全"转变，以党员无违章示范带动全员无违章。

2. 现场活动

"三带三有"活动在现场走深走实，实现了关键任务有党员认领、关键环节有党员管控，把安全生产行动落到实处，有效减少了现场违章行为的出现，加强了全员安全意识，进一步强化了安全警示作用。

第四节　事故现场急救基本技术

一、突发事件

突发事件也称突发公共事件，是指突然发生造成或者可能造成严重社会危害，需要采取应急处置措施予以应对的自然灾害、事故灾难、公共卫生事件和社会安全事件。按照其性质、严重程度、可控性和影响范围等因素，可将突发事件分为四级，分别是特别重大、重大、较大、一般事件。突发事件分级依据见表4-6。

表4-6　　　　　　　　　　突发事件分级依据

情况 ＼ 分级	特别重大	重大	较大	一般
死亡人数	30人以上	10人以上 30人以下	3人以上 10人以下	3人以下
重伤人数	100人以上	50人以上 100人以下	10人以上 50人以下	10人以下
经济损失	1亿元以上	5千万以上 1亿元以下	1千万以上 5千万以下	1千万以下

二、突发事件的自救

（一）自救原则

面对突发事件的发生，在危险现场首先做到逃生、自救、互救、急救，危险现场逃生是前提，正确发出求救信号，电力生产发生突发事件危害到人身安全时开展自救和互救，掌握急救技能，在危险到来时保障自身和他人的安全。面对突发事件，身处危险现场，自救的前提性原则是健全的体魄、冷静的思维以及生命至上的态度，可采用启动急救程序、拨打急救电话、发出声响、借助光亮、抛物、设置标志、使用莫尔斯码等方式正确发出求救信号。

（二）自救意识

需要具备的应急意识包括：风险防范意识、预警意识、紧急呼救意识、应急避险意识、防灾减灾意识，同时需掌握一定的逃生、救援技能，如常用绳结逃生方法、正确选择火灾灭火方法、地震避震逃生技能、溺水自救技能、毒物咬伤急救技能以及触电急救技能。

（三）触电事故的急救

触电事故种类包括电击与电伤，触电事故方式包括直接接触触电、间接接触触电以及跨步电压触电。人触电后，电流可能直接流过人体的内部器官，导致心脏、呼吸和中枢神经系统机能紊乱，形成电击；或者电流的热效应、化学效应和机械效应对人体的表面造成电伤。无论是电击还是电伤，都会给人体带来严重的伤害，甚至危及生命。

1. 触电事故种类

（1）电击是由于电流通过人体时造成的内部器官在生理上的反应和病变。随着电流的大小不同，人体的反应也不同。如针刺感、击痛感、昏迷、心室颤动、呼吸困难或停止现象。电击对人体的伤害程度与通过人体电流的强度、电流持续的时间、电流的频率、电流通过人体的路径以及触电者的身体健康状况有关。电流强度不同对人体伤害程度也不同，感知电流是能够引起人感觉的最小电流，感知电流值因人而异，总体上成年男子感知电流平均值约为1mA，而成年女子感知电流约为0.7mA。摆脱电流是人能忍受并能自动摆脱的最大电流，平均值为10mA。安全电流是使人不发生心室颤动的最大电流。在一般的场合可以取30mA为安全电流，即认为30mA是人体可以忍受且无致命危险的最大电流，而在高危场合应取10mA为安全电流，在水中或在高空应选5mA为安全电流。致命（室颤）电流是在较短的时间内危及人生命的最小电流，当通过人体的电流超过50mA，时间超过1s就可能发生心室颤动和呼吸停止（正常情况下成人的心率平均值为75次/min，当发生心室颤动时心率将达1000次/min）。

（2）电伤是电流通过人体时所造成的外伤，主要表现为电灼伤、皮肤金属化以及其他伴随伤害。电灼伤分为接触灼伤和电弧灼伤。接触灼伤发生在高压触电事故时，在电流通过人体的皮肤造成的灼伤。一般灼伤伤口入口比出口处的灼伤更加严重。电弧灼伤主要发生在误操作产生的电弧、带电作业时短路产生的电弧或人体距离高压带电体过近产生放电电弧，极高的电弧温度将皮肤烧伤。电灼伤还会导致高空作业时引起的坠落摔伤，水中作业时引起溺水死亡等。皮肤金属化是指电弧的温度极高（6000~8000℃），使电弧周围的金属熔化、气化后飞溅到受伤皮肤的表层。

2. 触电事故方式

（1）直接接触触电是指人体直接接触到带电体或人体距离带电体过近而发生的触电现象，也称正常状态下的触电。常见的直接接触触电有单相触电和两相触电。单相触电是指当人站在地面上人体的某一部位触到某相火线而发生的触电现象。在低压供电系统中发生单相触电，人体所承受的电压几乎就是电源的相电压（220V）。两相触电指人体同时接触设备或线路中的两相导体而发生的触电现象。若人体触及一相火线、一相零线，人体承受的电压为220V；若人体触及两根火线，则人体承受的电压为线电压380V。可见两相触电对人体的危害更大。

（2）间接接触触电是指人体触及正常情况下不带电的设备外壳或金属构架，而因故障意外带电发生的触电现象，也称非正常状态下的触电现象。跨步电压触电属于间接接触触电。

3. 急救方法

国家电网公司《电力安全工作规程》中要求作业人员具备必要的触电急救技能，学会紧急救护法，特别要学会心肺复苏法，目标遇到危急情况时，能够利用救护技能提供帮助；树立救死扶伤的意识，体现"生命至上，科学救援"的理念。

触电急救的第一步是使触电者迅速地脱离电源，第二步是要正确地实施现场救护。触电急救必须分秒必争，据统计资料，触电者在3min内就地实施有效急救，成活率90%以上。6min后实施急救措施，救活率仅为10%。12min

后抢救，救活率几乎为 0。所以，对救护者的要求是救护要及时，救护方法要正确。触电急救的原则是迅速，准确，就地，坚持。

（1）脱离电源。

人在触电时，紧急脱离低压电源的方法有：①就近拉闸断电；②切断电源线；③挑开导线；④拽触电者的衣服使其脱离电源。在救助他人脱离电源时要注意保护自己，站在绝缘垫或木板等绝缘物质上，防止跨步电压对自身造成伤害，同时不要触碰触电者的手和脚，切勿两只手同时触碰触电者。

在工作过程中遇到他人高压触电时，脱离电源的方法有：①通知有关部门拉闸停电；②拉开高压断路器或用绝缘操作杆拉开高压跌落熔断器；③采用短路法使高压线路短路。在此类过程中操作需要佩戴安全帽、绝缘手套，穿绝缘靴，抛挂的金属线一端要可靠接地，触电者触及断落在地面上的带电高压导线时，抢救人员不能接近断线点至 10m 内，防止跨步电压伤人。触电者脱离带电导线后应迅速被带至 10m 以外开始急救。

不论是救助高压触电者还是低压触电者，救护人员都要注意不可用手、其他金属及潮湿的物体作为救护工具，要防止触电者脱离电源后可能的摔伤，在救护过程中要注意自身和被救者与附近带电设备之间的安全距离。

（2）现场救护。

触电者脱离电源后，要首先判断现场环境是否安全，再实施救助。在保证环境安全的前提下判断触电者是否还有意识。触电者神志清醒，但乏力、头昏、心悸、出冷汗，有恶心或呕吐，应帮助其就地安静休息，以减轻心脏负担，加快恢复。对无意识的触电者要立即呼救并拨打急救电话，将触电者放在平硬地面或床面上，采取仰卧位，判断触电者的呼吸和心跳。触电者呼吸、心跳尚在，但神志昏迷，此时应严密观察，等待医护人员到来，还要做好人工呼吸和心脏按压的准备工作。对呼吸停止、心跳存在者，要解松衣扣，做人工呼吸。对心跳停止、呼吸尚在者，应立即做胸外心脏按压。对于心跳呼吸均停止者，要立即进行心肺复苏（CPR），施行人工呼吸及胸外心脏按压。

1）胸外心脏按压。

胸外心脏按压是心肺复苏过程中的重要环节，可以增加胸部的压力，直接压缩心脏产生血流，即模拟心脏的收缩和松弛，并将血流泵入身体的所有器官，高质量的胸外心脏按压是复苏成功的关键。胸外心脏按压的操作步骤如下：①将伤者仰卧在硬板上，施救者站立或跪在伤者的一侧；②施救者两手相叠、手指翘起、双臂伸直、用一手掌的根部在伤者双乳连线中点处进行垂直下压（幼儿位置需比成人位置偏下）。按压深度为5~6cm，按压频率为100~120次/分。

注意事项：①按压用力一定要垂直，要有节奏，有冲击性；②对幼儿施救用一只手掌根部即可；③按压的时间应与放松的时间基本相同。

2）人工呼吸。

进行人工呼吸前要畅通气道，气道通畅是肺进行气体交换的基础，气道畅通的三种方法是：①压额（仰头）提颏法；②压额（仰头）抬颈法；③双手托颌法。注意事项：①手指严禁压迫颈前部、颏下软组织；②若口腔内有异物，应先予以清除。

人工呼吸的目的，是用人为的方法来代替肺的呼吸活动，使气体有节律地进入和排出肺部，供给体内足够的氧气，充分排出二氧化碳，维持正常的通气功能。人工呼吸的方法有很多种，目前认为口对口人工呼吸法效果最好，操作方法如下。①清除口中异物：使病人仰卧，然后将其头偏向一侧，用手指清除口中的假牙、血块、呕吐物等，使口腔中无异物；②保持气道通畅：抢救者在病人的一边，以近其头部的一手紧捏病人的鼻子，并将手掌外缘压住其额头部，另一只手托在病人的颈下，将颈部上抬或使用抬颏压头法，使其头部充分后仰70°~90°，以解除舌头下坠所致的呼吸道梗阻；③口对口人工呼吸：施救者先深吸一口气，然后用嘴紧贴触电者的嘴大口吹气，同时观察触电者的胸部是否隆起，以确定吹气是否有效和适度，吹气量为500~600mL（吹气量与触电者的身体体积成正比）；④自然排气：吹气停止后，施救者头稍偏转，并立即放松捏紧伤者鼻孔的手，让气体从触电者的肺部自然排出。此时应注意胸部复原的情况，倾听呼气的声音，观察有无呼吸道梗阻；⑤如此反复进行，每分钟吹气10~12次，即每5~6s吹一次（吹气持续时间为1s）。

注意事项：

a.口对口吹气的压力要掌握好，刚开始时可略大一点，频率稍快一些，经10~20次后逐步减小压力，维持胸部轻度升起即可。对幼儿吹气时，不能捏紧鼻孔，应让其自然漏气，防止压力过大，损伤患者的肺部。

b.吹气时间宜短，约占一次呼吸周期的1/3，但也不能过短，否则影响通气效果。

如遇牙关紧闭者，可采用口对鼻人工呼吸法，方法与口对口基本相同。此时可将伤者嘴唇紧闭，施救者对准触电者的鼻孔吹气，吹气时压力应稍大一些，时间也应稍长，以利气体进入肺内。

3）心肺复苏法。

在单人施救的情况下，采用胸外心脏按压30次加人工呼吸2次为一个循环，按压和呼吸5个循环后，用"看、试、听"的方法，判断触电者呼吸、心跳恢复情况，如未恢复，继续坚持心肺复苏法抢救，在医务人员未接替前，施救者不得放弃现场救治。注意事项如下。

a.若判定触电者颈动脉已有搏动但无呼吸，则暂停胸外心脏按压，而再进行2次口对口人工呼吸，按每5s吹气一次。如脉搏和呼吸都未恢复，则继续坚持用心肺复苏法抢救。

b.在抢救过程中，要每隔数分钟判定一次，每次判定的时间不得超过7s。

c.心肺复苏的终止条件：

a）触电者自主呼吸及脉搏恢复，复苏成功后，将触电员衣服穿好，翻转成复原体位。

b）专业急救人员到现场接替救治。

c）有医生到场确定触电者死亡，①心跳及呼吸停止；②瞳孔散大，对强光无任何反应；③身体僵硬；④血管硬化或肛门松弛。

d）有迫在眼前的危险威胁到施救者安全。

e）施救者精疲力尽不能继续进行心肺复苏。

除对失去意识者进行心肺复苏外，对电灼伤等外伤也要及时进行处理。对于一般性的外伤面处理，有条件者可以用生理盐水清洗伤口后，用消毒的纱布或干净的布包扎，然后送医院治疗；对于伤口大出血的情况，应立即设法止血后送医院治疗；对于触电后摔伤骨折的，应先止血、包扎，然后用木板固定肢体后送医院处理。需要注意的是在处理电击伤时，一定要注意观察是否有其他损伤。

第五章
遵规守纪

国家电网公司员工服从上级指挥，严格遵守国家法律法规和公司各项规章制度，维护社会公德，恪守道德规范，遵守基本行为准则，忠诚企业、爱岗敬业、履职尽责，激发职工积极性和创造性，以合规管理自觉维护国家安全和提升企业服务能力。

第一节 员工守则

一、员工道德规范

（一）爱国守法

（1）热爱祖国。了解中华民族悠久历史，继承优良传统文化，懂得国旗、国徽的内涵，会唱国歌；牢固树立中华民族自尊、自信、自强的精神和祖国利益至上的意识；艰苦奋斗，奋发图强，为把中国建设成为富强、民主、文明、和谐、美丽的社会主义国家作贡献。

（2）奉公守法。学习《宪法》和国家基本法律，遵守国家法律法规，依法行使权利和履行义务；不参加非法组织和非法活动，不搞封建迷信，自觉抵制黄、赌、毒的侵害，敢于同违法行为和邪恶势力作斗争，维护社会和企业的稳定。

（3）依法经营。熟悉社会主义市场经济基本法律法规，认真执行电力法律法规和相关法律政策，严格遵守电力市场秩序，依法办电，依法治企，自觉维护国家利益和正常的经济秩序，维护企业自身和用户的合法权益。

（二）诚实守信

（1）诚信做人。以诚实守信为基本准则，说老实话，办老实事，做老实人，表里如一；对自己加强修养，完善人格，扬善惩恶，光明磊落；对工作求真务实，恪守职责，坚持真理，修正错误，以诚实的劳动创造财富、获取报酬。

（2）办事公道。按原则和政策办事，对外办理业务坚持公开、公平、公正的原则，秉公办事，一视同仁，不徇私情；处理事务实事求是，言行一致，客观公正。

（3）信守承诺。在社会经济交往和工作关系中，守信用、讲信誉、重信义，认真履行合同、契约和社会服务承诺；珍重合作关系，不任意违约，不制假售假，做到互帮、互让、互惠、互利。

（三）敬业爱岗

（1）热爱本职。了解电力发展史和现状，明确国家电网公司在社会发展中肩负的责任，树立强烈的事业心和责任感；立足本职，不断进取，做到干一行、爱一行、专一行，为企业改革发展稳定勇挑重担，乐于奉献。

（2）钻研业务。努力学习政治、业务和科学文化知识，熟练掌握本职业务和工作技能，不断学习新知识，掌握新技术，努力提高思想道德素质、专业技术素质和实际工作能力，做本专业的行家能手。

（3）追求卓越。有强烈的市场意识、竞争意识和创新意识，认真履行岗位职责，勤奋工作、勇于创新、精益求精，高标准、高质量地完成自己承担的各项任务，努力创造一流成果和突出业绩。

（四）遵章守纪

（1）服从大局。牢固树立"全网一盘棋"思想，听从上级指挥，做到令行禁止，雷厉风行，局部服从全局，个人服从整体；坚决贯彻"安全第一、预防为主"的方针，严格执行电网调度指令，自觉维护电网正常、稳定的运营秩序。

（2）严守规章。严格遵守企业的各项规章制度，认真执行工作标准、岗位规范和作业规程；模范遵守劳动纪律，不发生违章违纪行为，杜绝违章指挥和违章操作。

（3）保守秘密。严格遵守保密法规和保密纪律，不泄露国家秘密和企业商业秘密，妥善保管涉密文件和资料，不传播、不复制机密信息和文件，不携带机密资料出入公共场所，自觉维护国家安全和企业利益。

（五）团结协作

（1）紧密配合。大力弘扬集体主义精神和团队精神，正确处理开展竞争与团结协作的关系；上下班次互相负责，上下工序互相把关，单位部门之间紧密配合，不各自为政，不推诿扯皮，不搞内耗，齐心协力干好工作。

（2）同心同德。上下级互相尊重，领导支持下级工作，维护职工民主权利，关心群众疾苦，自觉接受群众监督；下级服从上级管理，对工作勇于负责，创造性地完成领导交办的任务，维护企业整体利益和形象。

（3）团结友善。同事间和睦相处，互相帮助，相互支持，善待他人；一切以工作为重，求同存异，不计较个人恩怨得失，做到处事宽容、大度，善于理解和谅解别人，努力营造心情舒畅、温暖和谐的工作氛围。

（六）优质服务

（1）恪守宗旨。坚持"人民电业为人民"的服务宗旨，坚持"客户至上、服务第一"的价值观念，忠实履行电网企业承担的义务和责任，满腔热情地为社会、为客户和发电企业服务，做到让政府放心、客户满意。

（2）真挚服务。坚持"优质、方便、规范、真诚"的服务方针，认真执行供电规范化服务标准和文明服务行为规范，自觉接受社会监督，虚心听取客户意见，做到服务态度端正、服务行为规范、服务纪律严明、服务语言文明。

（3）讲求质量。牢固树立以质量求生存、求发展的思想，做到办理业务认真，抢修事故及时，执行政策严格，不断提高服务质量和服务技术水平，保证客户用上安全、优质、可靠、经济的电能。

（七）文明礼貌

（1）仪容端庄。仪容自然大方、端庄，修饰文雅；衣着整洁、协调，工作岗位穿职业装，岗位标识佩戴规范；举止稳健，言行得体，态度谦和，精神饱满。

（2）文明待人。与他人交往中，以礼相待，与人为善，亲切诚恳，宽宏大度；发生矛盾互谅互让，参加活动守时守约，交谈时和颜悦色，出行时互相礼让；待人礼貌热情，使用文明用语和普通话，不讲脏话。

（3）家庭和睦。增强家庭伦理观念，自觉履行赡养老人、孝敬父母的义务，自觉承担抚养、教育子女的责任；夫妻之间平等相待、互敬互爱；家庭生活精打细算，勤俭持家；邻里之间相互帮助，和睦相处。

（八）关爱社会

（1）倡导文明。提倡健康文明的生活方式，积极参加创建文明行业、文明单位、文明城市、文明村镇、文明社区等活动；自觉遵守社会公约、条例、守则等有关规定，带头移风易俗，做文明公民，树行业新风。

（2）助人为乐。增强社会责任感、正义感，热心公益事业，关心帮助他人，踊跃参与社会扶贫济困活动，致力于建立相互友爱的人际关系；见义勇为，敢于挺身而出与违法犯罪行为作斗争，勇于制止损害公共利益和公共秩序的不良行为。

二、国家电网公司员工守则

《国家电网公司员工守则》是公司全体员工应共同遵守的基本行为准则。

（1）遵纪守法，尊荣弃耻，争做文明员工。

（2）忠诚企业，奉献社会，共塑国网品牌。

（3）爱岗敬业，令行禁止，切实履行职责。

（4）团结协作，勤奋学习，勇于开拓创新。

（5）以人为本，落实责任，确保安全生产。

（6）弘扬宗旨，信守承诺，深化优质服务。

（7）勤俭节约，精细管理，提高效率效益。

（8）努力超越，追求卓越，建设一流公司。

三、国家电网公司员工奖惩规定

《国家电网公司员工奖惩规定》（以下简称《员工奖惩规定》），规章制度编号为国网（人资/4）148-2014。

（一）总则

《员工奖惩规定》中第一条至第四条规定员工奖惩规定起因、原则、适用范围，明确公司总部（分部）及公司所属全资和控股企业（以下简称"各级单位"）依法直接建立劳动关系的员工，规范员工工作标准及恪守职业道德，履职履责，以奖惩自律、规范工作行为，要求全体员工奖励坚持精神奖励和物质奖励相结合，惩处坚持惩罚和教育相结合。

（二）职责分工

《员工奖惩规定》中第五条至第七条规定了员工奖惩工作办公室、职能部门分工管理。

（1）第五条规定：公司成立员工奖惩工作领导小组，公司主要负责人任组长，分管负责人任副组长，成员由国家电网公司办公厅（董事会办公室）、安全监察部（应急管理部）、国际合作部（"一带一路"工作办公室）、经济法律部、党组组织部（人事董事部）、人力资源部、党组党建部（思想政治部）、中央纪委国家监察委员会派驻纪检监察组、工会等有关部门主要负责人组成，负责审定员工奖惩管理制度、决定员工奖惩重大事项等。

公司员工奖惩工作办公室设在国网人力资源部，归口管理公司系统员工奖惩工作，负责拟订公司奖惩管理制度、执行公司奖惩决定等。

（2）第六条规定：公司职能部门按照专业分工和专业管理需要，负责制定本专业奖惩制度，提出本专业相关奖惩建议。

（3）第七条规定：公司各级单位成立员工奖惩工作领导小组和办公室，负责执行公司奖惩管理制度，开展本单位员工奖惩管理。

（三）奖励

《员工奖惩规定》中第八条至第十一条对员工在管理、技术、生产，竞赛，制止违法乱纪，保护公共财产，维护社会和谐稳定等方面有特殊表现的可给予奖励。

（1）第八条规定，员工有下列表现之一的，可给予奖励：

1）在企业安全生产、电网建设、优质服务、经营管理等方面做出突出贡献的。

2）在管理、技术、生产等方面取得重大创新成果或者显著成绩的。

3）在技能竞赛、劳动竞赛、知识竞赛中成绩优异的。

4）保护公共财产，防止事故或者事故、灾害抢险有功，使国家和企业免受重大损失的。

5）忠于职守、甘于奉献、廉洁奉公，事迹突出的。

6）制止、预防违规违纪行为，对维护正常生产秩序和工作秩序有突出贡献的。

7）见义勇为、制止不法行为、维护社会和谐稳定等方面，事迹突出的。

8）其他应给予奖励的。

（2）第九条规定：对员工的奖励包括通报表扬、表彰并授予荣誉称号和物质奖励。

1）通报表扬以精神奖励为主，一般不进行物质奖励。

2）公司表彰的荣誉称号包括劳动模范、先进工作者、技术能手、青年五四奖章、青年岗位能手、优秀班组长、专业（专项）工作先进个人等。

3）受到表彰的员工，可给予一定的物质奖励。公司表彰的荣誉称号对应的物质奖励标准（见国家电网公司表彰奖励标准）根据社会经济发展情况适时进行调整。

（3）第十条规定：国家及地方政府有关部门授予的各类荣誉称号，按照"谁授予、谁奖励"的原则，公司一般不再进行物质奖励，确需进行奖励的，经各级单位员工奖惩工作领导小组批准后，参照公司同类别表彰奖励标准执行。员工在一年内获得两次及以上相同类别表彰的，按就高原则进行物质奖励，不重复奖励。

（4）第十一条规定，各级单位表彰一般按下列程序开展：

1）公布表彰评选的范围、数量、条件和评审程序。

2）员工所在单位（部门）推荐或推选。

3）奖项归口管理部门组织评审，提出表彰建议名单。

4）员工奖惩工作办公室审核表彰建议名单。

5）员工奖惩工作领导小组或党组（委）会（总经理办公会）审议批准。

6）下发表彰文件，并在一定范围内公布。

（四）惩处

《员工奖惩规定》中第十三条至第二十条对员工违反劳动纪律、廉洁从业、遵纪守法、企业品牌、队伍稳定等违反社会主义道德，妨碍社会公共秩序的行为予以惩处，并对惩处形式给予界定。

（1）第十三条规定：员工有以下行为的，予以惩处。

1）违反劳动纪律：经常迟到、早退，旷工，消极怠工，没有完成生产任务或工作任务的；无正当理由不服从工作安排、指挥，或者无理取闹、聚众闹事、打架斗殴，影响生产秩序、工作秩序的。

2）违反工作纪律：玩忽职守，违反技术操作规程和安全操作规程，或者违章指挥，造成安全、质量等责任事故的；滥用职权，在生产、营销、基建、财务、金融、物资、人事等工作中，严重失职或过失给企业造成经济损失和不良影响的；泄露公司商业秘密、技术秘密等，给公司造成经济损失和商誉损失的。

3）违反廉洁从业规定：贪污受贿、行贿的；以权谋私的；挥霍浪费，损公肥私的。

4）损害企业形象、影响队伍稳定：通过网络、短信或其他媒介传播、散布谣言，发布不实信息，损害企业形象的；诽谤、诬陷他人的；违规信访，捏造事实向有关部门、单位恶意投诉举报，围堵冲击公共场所、办公场所和生产场所，扰乱国家、社会和企业正常秩序的；组织、参与非法组织和非法活动的；违反社会主义道德，妨害社会公共秩序的。

5）违反国家法律法规的。

（2）第十四条规定：对员工的惩处主要包括组织处理、纪律处分和经济处罚三种方式，三种惩处方式可单独运用，也可并用。

1）组织处理：包括诫勉谈话、通报批评、停职（检查）、调整岗位、待岗、责令辞职等。

2）纪律处分：包括警告、记过、记大过、降职（降级）、撤职、留用察看、解除劳动合同。

a. 警告：处分期 6 个月。

b. 记过：处分期 12 个月。

c. 记大过：处分期 18 个月。

d. 降职（降级）：降低受惩处人职务级别、职员职级或岗位层级，处分期 24 个月。

e. 撤职：撤销受惩处人所担任的职务，处分期 24 个月。

f. 留用察看：处分期为一年或两年，处分期内，按当地最低工资标准发放工资，再次发生违规违纪行为的，解除劳动合同。

g. 解除劳动合同：用人单位依法解除与受惩处人签订的劳动合同。

3）经济处罚：员工受到纪律处分的，同时进行相应的经济处罚，扣减薪金或赔偿经济损失。

（3）第十五条规定：员工有两项及以上违法违规行为的，应当分别确定纪律处分。应当给予两种及以上纪律处分的，执行其中最重的纪律处分；应当给予多个相同纪律处分的，处分期可以在一个处分期以上、多个处分期之和以下确定，最长不得超过 48 个月。

（4）第十六条规定：处分期内受惩处人不得晋升职务、职员职级、岗位层级和职称，不得参加各类专家人才选拔和评优评先，不得进行工作调动；被记过、记大过、降职（降级）、撤职的，处分期内不得提高薪酬待遇。

（5）第十七条规定：各级单位对员工进行惩处的程序。

1）相关部门根据职责分工提出惩处建议，并提交员工奖惩工作办公室审核。

2）奖惩工作办公室听取员工本人陈述和申辩（含书面陈述和书面申辩形式）。

3）员工奖惩工作办公室就惩处建议征求工会意见后，提交员工奖惩工作领导小组或党组（委）会（总经理办公会）审定。

4）员工奖惩工作办公室执行惩处决定，依法履行送达程序、出具相关证明，并将处理结果和相关材料抄送相关部门。

（6）第十八条规定：员工对惩处决定有异议的，可按照《中华人民共和国劳动法》相关规定，向单位劳动争议调解委员会等调解组织申请调解；调解不成的，可向劳动争议仲裁委员会申请仲裁；对仲裁裁决不服的，除法律另有规定的外，可以向人民法院提起诉讼。

（7）第十九条规定：员工受到纪律处分和经济处罚，单位应书面通知本人。处分决定记入本人档案。

（8）第二十条规定：中国共产党党员发生违规违纪行为的，除执行本规定外，由所在党组织按照《中国共产党章程》和《中国共产党纪律处分条例》等相关规定处理。

（9）第二十一条规定：公职人员发生违法行为的，按照《中华人民共和国公职人员政务处分法》等相关规定处理。

（10）第二十二条规定：员工在处分期内有悔改表现，并且没有再发生应当给予处分行为的，纪律处分自处分期满后自动解除。

（五）附则

（1）第二十三条规定：公司各专项奖惩办法应依据本规定制定。

（2）第二十四条规定：本规定由国网人资部负责解释并监督执行。

（3）第二十五条规定：本规定自 2021 年 3 月 1 日起施行。原《国家电网公司员工奖惩规定》（国家电网企管〔2014〕1553 号之国网（人资/4）148-2014）同时废止。

（六）国家电网公司员工违规违纪行为惩处细则

1.违规违纪责任和等级认定标准

（1）第一条规定：为建立健全国家电网公司（以下简称"公司"）依法、规范、通用、实用的考核惩处制度体系，进一步增强违规违纪行为惩处的可操作性，制定本细则。

（2）第二条规定：违规违纪惩处对象按照责任相关程度分为直接责任人和相关责任人。

1）直接责任人，是指在其职责范围内，不履行或者不正确履行职责，对造成的损失或者后果负主要责任的人员。

2）相关责任人，是指对造成的损失或者后果负有领导责任或者间接责任的单位（部门）负责人、直接主管、相关协同工作人员。

（3）第三条规定：违规违纪行为造成的经济损失分为一般、较大、重大、特大经济损失四个等级。

1）一般经济损失指直接经济损失小于 10 万元。

2）较大经济损失指直接经济损失大于 10 万元（含 10 万元）小于 50 万元。

3）重大经济损失指直接经济损失大于 50 万元（含 50 万元）小于 100 万元。

4）特大经济损失指直接经济损失大于 100 万元（含 100 万元）。

（4）第四条规定：违规违纪行为给企业造成的不良影响分为一定、较大、重大、恶劣影响四个等级。

1）一定影响指妨碍正常工作秩序，被地市公司级单位通报，或被媒体曝光，给企业造成负面影响的；或因违规行为，导致企业受到一般行政处罚（警告等）的。

2）较大影响指妨碍正常工作秩序，被省公司级单位通报，或被地市级政府部门、监管机构通报，或被媒体曝光，给企业造成较大负面影响的；或因违规行为，导致企业受到较大行政处罚（罚款、没收违法所得等）的。

3）重大影响指严重妨碍正常工作秩序，被公司通报，或被省级政府部门、监管机构通报，或被媒体曝光、炒作，给企业造成重大负面影响的；或因违规行为，导致企业受到重大行政处罚（责令停业停产等）的。

4）恶劣影响指严重妨碍正常工作秩序，被国家有关部委、监管机构通报，或被媒体曝光、炒作，引发重大舆情，给企业造成恶劣影响的；或因违规行为，导致企业受到严重行政处罚（暂扣或者吊销许可证、执照等）的。

（5）第五条规定：违规违纪人员有下列情形之一的，应从重惩处。

1）强迫、唆使他人违规违纪的。

2）拒不上交或者退赔违规违纪所得的。

3）串供或伪造、销毁、隐匿证据的。

4）阻止他人揭发检举、提供证据材料的。

5）对检举人、证人进行威胁或打击报复的。

6）处分期内再次发生违规违纪行为的。

7）干扰、妨碍组织审查行为的。

8）包庇、隐瞒不报、拖延报告、弄虚作假、善后处置不当，造成影响或危害升级的。

9）监守自盗、内外勾结等严重损害企业利益的。

10）其他经员工奖惩工作领导小组认定应从重惩处的。

（6）第六条规定：违规违纪人员有下列情形之一的，可从轻惩处。

1）主动交代所犯错误的。

2）主动检举揭发其他人应当受到惩处的问题，经查证属实的。

3）主动挽回损失或者有效阻止危害结果发生的。

4）主动退回违纪违法所得的。

5）有其他立功表现的。

（7）第七条规定：员工违规违纪行为情节轻微，且具有本细则第六条规定的情形之一的，可以对其进行诫勉谈话、通报批评或者停职（检查），免予或者不予纪律处分。

员工因不明真相被裹挟或者被胁迫参与违规违纪活动，经批评教育后确有悔改表现的，可以减轻、免予或者不予纪律处分。

（8）第八条规定员工因违规违纪行为受到纪律处分或经济处罚的，单位应出具处分决定书，处分决定自作出之日起生效，并书面通知本人：

1）处分决定书应载明被处分人的姓名、工作单位和岗位，违规事实和证据，纪律处分的种类和依据，处分期和经济处罚的标准、期限和依据，不服处分决定申请复核的途径和期限，作出纪律处分或经济处罚的机构名称和日期等事项。

2）处分决定书应由员工本人签字。员工本人拒绝签字的，邀请有关基层组织或者员工所在单位的代表到场，说明情况并记明拒收事由和日期，由送达人、见证人签名或者盖章，并采用拍照、录像等方式记录送达过程。

3）员工被监禁或被采取强制性教育措施的，通过其所在监所或强制性教育机构转交本人签字。

4）员工下落不明或其他情况无法签字确认的，发出公告，自发出公告之日起，经过六十日，即视为本人签字确认。

2. 违反劳动纪律惩处分则

（1）第九条规定：迟到、早退、怠工，或出勤记录、休假凭证作假，经批评教育仍不改正的，给予警告处分。

（2）第十条规定连续或累计旷工的：

1）连续旷工 2 天或一年累计旷工 3~5 天的，给予警告处分。

2）连续旷工 3~5 天或一年累计旷工 6~11 天的，给予记过处分。

3）连续旷工 6~8 天或一年累计旷工 12~17 天的，给予记大过处分。

4）连续旷工 9~11 天或一年累计旷工 18~23 天的，给予降级（降职）或撤职处分。

5）连续旷工 12~14 天或一年累计旷工 24~29 天的，给予留用察看处分。

6）连续旷工 15 天及以上的，或一年累计旷工 30 天及以上的，解除劳动合同。

（3）第十一条规定不服从工作安排，工作期间擅自离岗、脱岗，或经常从事与工作无关活动的：

1）经批评教育仍不改正的，给予警告处分。

2）对正常工作造成一定影响，或给企业造成一般经济损失，或年累计 3 次的，给予记过处分。

3）对正常工作造成较大影响，或给企业造成较大经济损失，或年累计 4 次的，给予记大过处分。

4）对正常工作造成重大影响，或给企业造成重大经济损失，或年累计 5

次的，给予降级（降职）或撤职处分。

5）对正常工作造成恶劣影响，或给企业造成特大经济损失，或年累计6次及以上的，给予留用察看处分或解除劳动合同处分。

（4）第十二条规定工作时间饮酒、赌博、打架斗殴的：

1）发生此项行为的，给予警告处分。

2）经批评教育仍不改正的，给予记过处分。

3）对正常工作造成一定影响，或给企业造成一般经济损失，或年累计3次的，给予记大过处分。

4）对正常工作造成较大影响，或给企业造成较大经济损失，或年累计4次的，给予降级（降职）或撤职处分。

5）对正常工作造成重大及以上影响，或给企业造成重大及以上经济损失，或年累计5次及以上的，给予留用察看或解除劳动合同处分。

（5）第十三条规定无理取闹或以胁迫等手段强迫企业满足个人不正当利益、聚众闹事，影响生产、工作秩序的：

1）发生此项行为的，对于直接责任人给予记过处分；对于相关责任人给予警告处分。

2）拒不改正的，对于直接责任人给予记大过处分；对于相关责任人给予警告或记过处分。

3）对正常工作造成一定影响，或给企业造成一般经济损失的，对于直接责任人给予降级（降职）或撤职处分；对于相关责任人，视情节轻重，给予警告至降级（降职）处分。

4）对正常工作造成较大影响，或给企业造成较大经济损失的，对于直接责任人给予留用察看处分；对于相关责任人，视情节轻重，给予警告至撤职处分。

5）对正常工作造成重大及以上影响，或给企业造成重大及以上经济损失的，对于直接责任人解除劳动合同；对于相关责任人，视情节轻重，给予警告至留用察看处分。

（6）第十四条规定：其他违反劳动纪律的行为，对于直接责任人和相关责任人，视情节轻重，给予警告至解除劳动合同处分。

3.违反工作纪律惩处分则

（1）第十五条规定不履行岗位职责，不听从指挥，拒不执行企业规章制度和决定的：

1）经批评教育仍不改正的，给予警告处分。

2）对正常生产经营秩序造成一定影响，或给企业、客户造成一般经济损失的，给予记过处分。

3）对正常生产经营秩序造成较大影响，或给企业、客户造成较大经济损失的，给予记大过处分。

4）对正常生产经营秩序造成重大影响，或给企业、客户造成重大经济损失的，给予降级（降职）或撤职处分。

5）对正常生产经营秩序造成恶劣影响，或给企业、客户造成特大经济损失的，给予留用察看或解除劳动合同处分。

（2）第十六条规定：拒不执行或者在执行过程中打折扣、搞变通、走过场，拖延执行上级决策部署，或擅自改变集体作出的重大决定的，视情节轻重，给予警告至撤职处分。

（3）第十七条规定：违反个人有关事项报告规定，隐瞒不报的，视情节轻重，给予警告至记大过处分。

（4）第十八条规定：篡改、伪造本人档案资料的，视情节轻重，给予记过至撤职处分。

（5）第十九条规定：违反电力安全工作规章制度、规程规范，发生一至八级安全事件的，根据公司安全工作奖惩规定，按照事故调查结论，视情节轻重，给予警告至解除劳动合同处分。

（6）第二十条规定违反供电服务规定，发生供电服务质量事件的，视情节轻重，给予相应处分：

1）发生一般供电服务质量事件的，对于直接责任人，给予警告处分。

2）发生较大供电服务质量事件的，对于直接责任人，给予记过处分；对于相关责任人，给予警告处分。

3）发生重大供电服务质量事件的，对于直接责任人，给予记大过处分；对于相关责任人，给予警告或记过处分。

4）发生特别重大供电服务质量事件的，对于直接责任人，给予降职（降级）至解除劳动合同处分；对于相关责任人，给予警告至撤职处分。

（7）第二十一条规定违反公司"三公"调度交易服务"十项措施"有关规定的：

1）受到服务对象投诉并查实，或给企业造成一定影响的，对于直接责任人给予警告处分。

2）给企业造成较大影响的，对于直接责任人给予记过处分；对于相关责任人给予警告处分。

3）给企业造成重大影响的，对于直接责任人给予记大过处分；对于相关责任人给予警告或记过处分。

4）给企业造成恶劣影响的，对于直接责任人给予降职（降级）至解除劳动合同处分：对于相关责任人，视情节轻重，给予警告至撤职处分。

（8）第二十二条规定：违反国家法律法规或公司规定，在经营投资中造成国有资产损失或其他严重不良后果的，根据公司违规经营投资责任追究实施办法，按照认定结果，视情节轻重，给予警告至解除劳动合同处分。

（9）第二十三条规定：违规从事或者参与营利性活动，或者违规兼任职务、领取报酬的，视情节轻重，给予警告至解除劳动合同处分。

（10）第二十四条规定在领导人员选拔任用、考察、考评以及员工录用、聘用、考核、考试（竞赛）、晋升、职称评定、薪酬保险、评优评先等工作中，违反公司规定的：

1）给企业造成一般经济损失，或造成一定影响的，对于直接责任人给予警告处分。

2）给企业造成较大经济损失，或造成较大影响的，对于直接责任人给予记过处分；对于相关责任人给予警告处分。

3）给企业造成重大经济损失，或造成重大影响的，对于直接责任人给予记大过处分；对于相关责任人给予警告或记过处分。

4）给企业造成特大经济损失，或造成恶劣影响的，对于直接责任人给予降职（降级）至解除劳动合同处分；对于相关责任人，视情节轻重，给予警告至撤职处分。

（11）第二十五条规定违反国家法律法规及公司财务有关规定，隐瞒、截留、坐支、虚报、冒领资金，私设账外资金或"小金库"，擅自挪用专项资金，违规提供担保、借款或委托理财的：

1）发生此项行为的，对于直接责任人给予警告处分。

2）给企业造成一般经济损失，或造成一定影响的，对于直接责任人给予记过处分；对于相关责任人给予警告处分。

3）给企业造成较大经济损失，或造成较大影响的，对于直接责任人给予记大过处分；对于相关责任人给予警告或记过处分。

4）给企业造成重大经济损失，或造成重大影响的，对于直接责任人给予降职（降级）或撤职处分；对于相关责任人，视情节轻重，给予警告至降职（降级）处分。

5）给企业造成特大经济损失，或造成恶劣影响的，对于直接责任人给予留用察看处分或解除劳动合同；对于相关责任人，视情节轻重，给予警告至留用察看处分。

（12）第二十六条规定违反金融人员从业要求、行业行为准则、监管规定和金融业务操作管理规定的：

1）给企业造成一般经济损失，或产生一定影响的，对于直接责任人给予警告处分。

2）给企业造成较大经济损失，或产生较大影响的，对于直接责任人给予记过或记大过处分；对于相关责任人给予警告或记过处分。

3）给企业造成重大经济损失，或产生重大影响的，对于直接责任人给予降职（降级）或撤职处分；对于相关责任人，视情节轻重，给予警告至降职（降级）处分。

4）给企业造成特大经济损失，或产生恶劣影响的，对于直接责任人给予留用察看处分或解除劳动合同；对于相关责任人，视情节轻重，给予警告至留用察看处分。

（13）第二十七条规定违反招投标法律法规和公司招投标制度规定，规避招标、暗箱操作、泄漏标底及相关评标信息、内外串通勾结、干预评标的：

1）发生此项行为的，对于直接责任人给予警告处分。

2）给企业造成一般经济损失，或产生一定影响的，对于直接责任人给予记过处分；对于相关责任人给予警告处分。

3）给企业造成较大经济损失，或产生较大影响的，对于直接责任人给予记大过处分；对于相关责任人给予警告或记过处分。

4）给企业造成重大经济损失，或产生重大影响的，对于直接责任人给予降职（降级）或撤职处分；对于相关责任人，视情节轻重，给予警告至降职（降级）处分。

5）给企业造成特大经济损失，或产生恶劣影响的，对于直接责任人给予留用察看处分或解除劳动合同；对于相关责任人，视情节轻重，给予警告至留用察看处分。

（14）第二十八条规定违反公司物资采购管理规定，故意采购劣质高价产品，造成工程质量和设备隐患的，或违规干预非本人经办的物资购销业务，获取私利或为他人谋利的：

1）发生此项行为的，对于直接责任人给予警告处分。

2）给企业造成一般经济损失，或造成一定影响的，对于直接责任人给予记过处分；对于相关责任人给予警告处分。

3）给企业造成较大经济损失，或造成较大影响的，对于直接责任人给予记大过处分；对于相关责任人给予警告或记过处分。

4）给企业造成重大经济损失，或造成重大影响的，对于直接责任人给予降职（降级）或撤职处分；对于相关责任人，视情节轻重，给予警告至降职（降级）处分。

5）给企业造成特大经济损失，或造成恶劣影响的，对于直接责任人给予留用察看处分或解除劳动合同；对于相关责任人，视情节轻重，给予警告至留用察看处分。

因上述情况引发安全生产事故，适用安全工作奖惩规定的，合并处理，依照处分较重的条款惩处。

（15）第二十九条规定在电网规划建设、运维检修、电能管理等工作中，违反有关法律法规、公司规定和技术规程，造成一至八级工程质量、运检质量和电能质量等事件的，比照公司安全工作奖惩规定一至八级安全事故（事件）惩处标准执行。

（16）第三十条规定工程建设相关人员失职或利用职务之便获取施工企业（或实际控制人）利益，现场签证多签或少签金额较大的：

1）给企业造成一般经济损失，对于直接责任人给予警告处分。

2）给企业造成较大经济损失，对于直接责任人给予记过或记大过处分；对于相关责任人给予警告或记过处分。

3）给企业造成重大经济损失，对于直接责任人给予降职（降级）或撤职处分；对于相关责任人，视情节轻重，给予警告至降职（降级）处分。

4）给企业造成特大经济损失，对于直接责任人给予留用察看处分或解除劳动合同；对于相关责任人，视情节轻重，给予警告至留用察看处分。

（17）第三十一条规定违反公司外事工作纪律，违规前往未批准国家（地区）、延长在境外停留时间，触犯驻在国法律法规或不遵守其宗教习俗的：

1）出国（境）人员违反外事工作纪律，违规前往未批准国家（地区）或延长境外停留时间的，对于直接责任人给予警告至记大过处分；对于相关责任人给予警告或记过处分。

2）出国（境）人员违反外事工作纪律，不遵守驻在国礼仪、宗教习俗，给企业造成较大影响或经济损失的，对于直接责任人给予降职（降级）或撤职处分；对于相关责任人，视情节轻重，给予警告至降职（降级）处分。

3）出国（境）人员违反外事工作纪律，违反驻在国法律法规，情节严重但尚未构成犯罪，给企业造成重大影响或经济损失的，对于直接责任人给予留用察看处分；对于相关责任人，视情节轻重，给予警告至撤职处分。

4）出国（境）人员违反外事工作纪律，触犯驻在国法律法规，被追究法律责任，给企业造成恶劣影响，或造成特大经济损失的，或在外停留不归的，对于直接责任人解除劳动合同；对于相关责任人，视情节轻重，给予警告至留用察看处分。

（18）第三十二条规定：违规办理因私出境证件，视情节轻重，给予记过至撤职处分。违规取得外国国籍或者获取境外永久居留资格、长期居留许可的，给予撤职、留用察看或解除劳动合同处分。

（19）第三十三条规定：违反公司保密工作有关规定，造成失泄密隐患或发生失泄密事件的，根据公司保密工作奖惩办法，按照认定结果，视情节轻重，给予警告至解除劳动合同处分。

（20）第三十四条规定擅自对网络防火墙、电子邮箱服务器、信息管理系统及通信系统等实施侵入、修改或破坏，造成网络运行事故或通信故障的：

1）发生此项行为的，对于直接责任人给予警告处分。

2）给企业造成一般经济损失，或造成一定影响的，对于直接责任人给予记过处分；对于相关责任人给予警告处分。

3）给企业造成较大经济损失，或造成较大影响的，对于直接责任人给予记大过处分；对于相关责任人给予警告或记过处分。

4）给企业造成重大经济损失，或造成重大影响的，对于直接责任人给予降职（降级）或撤职处分；对于相关责任人，视情节轻重，给予警告至降职（降级）处分。

5）给企业造成特大经济损失，或造成恶劣影响的，对于直接责任人给予留用察看处分或解除劳动合同；对于相关责任人，视情节轻重，给予警告至留用察看处分。

（21）第三十五条规定违反"三重一大"决策制度，违规或擅自决定企业重大事项的：

1）发生此项行为的，对于直接责任人给予警告处分。

2）给企业造成一般经济损失，或造成一定影响的，对于直接责任人给予记过处分；对于相关责任人给予警告处分。

3）给企业造成较大经济损失，或造成较大影响的，对于直接责任人给予记大过处分；对于相关责任人给予警告或记过处分。

4）给企业造成重大经济损失，或造成重大影响的，对于直接责任人给予降职（降级）或撤职处分；对于相关责任人，视情节轻重，给予警告至降职（降级）处分。

5）给企业造成特大经济损失，或造成恶劣影响的，对于直接责任人给予留用察看处分或解除劳动合同；对于相关责任人，视情节轻重，给予警告至留用察看处分。

（22）第二十八条规定违反公司值班重大事项请示报告有关规定，发生迟报、漏报、谎报或隐瞒不报的：

1）给企业造成一般经济损失，或造成一定影响的，对于直接责任人给予警告处分。

2）给企业造成较大经济损失，或造成较大影响的，对于直接责任人给予记过处分；对于相关责任人给予警告处分。

3）给企业造成重大经济损失，或造成重大影响的，对于直接责任人给予记大过处分；对于相关责任人给予警告或记过处分。

4）给企业造成特大经济损失，或造成恶劣影响的，对于直接责任人给予降职（降级）或撤职处分；对于相关责任人，视情节轻重，给予警告至降职（降级）处分。

（23）第三十七条规定：其他违反公司各专业管理规定，影响生产秩序、工作秩序，给企业造成影响或经济损失的，对于直接责任人和相关责任人，视情节轻重，给予警告至解除劳动合同处分。

4.违反廉洁从业规定惩处分则

（1）第三十八条规定利用职务便利，贪污、侵吞、窃取、骗取或以其他手段非法占有企业财物的：

1）情节较轻或给企业造成一般经济损失的，对于直接责任人给予警告、记过或记大过处分；对于相关责任人给予警告或记过处分。

2）情节较重或给企业造成较大经济损失的，对于直接责任人给予降职（降级）、撤职或留用察看处分；对于相关责任人，视情节轻重，给予警告至撤职处分。

3）情节严重或给企业造成重大及以上经济损失的，对于直接责任人解除劳动合同；对于相关责任人，视情节轻重，给予警告至留用察看处分。

（2）第三十九条规定违反有关规定，将国有资产（含集体资产）私分给个人的：

1）情节较轻或给企业造成一般经济损失的，对于直接责任人给予警告、记过或记大过处分；对于相关责任人给予警告或记过处分。

2）情节较重或给企业造成较大经济损失的，对于直接责任人给予降职（降级）、撤职或留用察看处分；对于相关责任人，视情节轻重，给予警告至撤职处分。

3）情节严重或给企业造成重大及以上经济损失的，对于直接责任人解除劳动合同；对于相关责任人，视情节轻重，给予警告至留用察看处分。

（3）第四十条规定利用职务便利，将应当由个人支付的费用，由企业、下属单位、其他单位支付或报销的：

1）情节较轻或给企业造成一般经济损失的，对于直接责任人给予警告、记过或记大过处分；对于相关责任人给予警告或记过处分。

2）情节较重或给企业造成较大经济损失的，对于直接责任人给予降职（降级）、撤职或留用察看处分；对于相关责任人，视情节轻重，给予警告至撤职处分。

3）情节严重或给企业造成重大及以上经济损失的，对于直接责任人解除劳动合同；对于相关责任人，视情节轻重，给予警告至留用察看处分。

（4）第四十一条规定利用职务便利，从事有偿中介谋取不正当利益，将经济往来中的佣金、回扣、中介费等据为己有或私分的：

1）情节较轻或给企业造成一般经济损失的，对于直接责任人给予警告、记过或记大过处分；对于相关责任人给予警告或记过处分。

2）情节较重或给企业造成较大经济损失的，对于直接责任人给予降职（降级）、撤职或留用察看处分；对于相关责任人，视情节轻重，给予警告至撤职处分。

3）情节严重或给企业造成重大及以上经济损失的，对于直接责任人解除劳动合同；对于相关责任人，视情节轻重，给予警告至留用察看处分。

（5）第四十二条规定利用职务便利，通过同业经营或关联交易为本人或特定关系人谋取利益的；为亲友从事经营活动提供便利条件，损害企业利益的：

1）情节较轻或给企业造成一般经济损失的，对于直接责任人给予警告、记过或记大过处分；对于相关责任人给予警告或记过处分。

2）情节较重或给企业造成较大经济损失的，对于直接责任人给予降职（降级）、撤职或留用察看处分；对于相关责任人，视情节轻重，给予警告至撤职处分。

3）情节严重或给企业造成重大及以上经济损失的，对于直接责任人解除劳动合同；对于相关责任人，视情节轻重，给予警告至留用察看处分。

（6）第四十三条规定利用职务便利，索取、非法收受、变相非法收受他人礼品、礼金、消费卡、有价证券、股权、支付凭证、其他金融产品等贿赂的：

1）情节较轻或给企业造成一般经济损失的，对于直接责任人给予警告、记过或记大过处分；对于相关责任人，给予警告或记过处分。

2）情节较重或给企业造成较大经济损失的，对于直接责任人给予降职（降级）、撤职或留用察看处分；对于相关责任人，视情节轻重，给予警告至撤职处分。

3）情节严重或给企业造成重大及以上经济损失的，对于直接责任人解除劳动合同；对于相关责任人，视情节轻重，给予警告至留用察看处分。

（7）第四十四条规定向工作人员及其特定关系人赠送可能影响公正行使公权力的礼品、礼金、有价证券等财物的，或者提供可能影响公正行使公权力的宴请、旅游、健身、娱乐等活动安排：

1）情节较轻或给企业造成一般经济损失的，给予警告、记过或记大过处分。

2）情节较重或给企业造成较大经济损失的，给予降职（降级）、撤职或留用察看处分。

3）情节严重或给企业造成重大及以上经济损失的，解除劳动合同。

（8）第四十五条规定参加可能影响公正行使公权力的宴请、庆典活动；参加业务相关单位提供的休闲娱乐、旅游等活动的；违反有关规定取得、持有、实际使用运动健身卡、会所和俱乐部会员卡、高尔夫球卡等各种消费卡，或者违反有关规定出入私人会所；以操办婚丧喜庆、本人或亲属生病住院、升学、出国等为由，借机敛财的：

1）情节较轻或给企业造成一般经济损失的，对于直接责任人给予警告、记过或记大过处分；对于相关责任人，给予警告或记过处分。

2）情节较重或给企业造成较大经济损失的，对于直接责任人给予降职（降级）、撤职或留用察看处分；对于相关责任人，视情节轻重，给予警告至撤职处分。

3）情节严重或给企业造成重大及以上经济损失的，对于直接责任人解除劳动合同；对于相关责任人，视情节轻重，给予警告至留用察看处分。

（9）第四十六条规定利用职务便利，违反规定配备、使用公务用车的，违反会议活动管理、办公用房管理等规定，公款高档消费、公款购买赠送或者发放礼品、消费卡（券）、公款旅游等挥霍浪费企业财产的：

1）情节较轻或给企业造成一般经济损失的，对于直接责任人给予警告、记过或记大过处分；对于相关责任人，给予警告或记过处分。

2）情节较重或给企业造成较大经济损失的，对于直接责任人给予降职（降级）、撤职或留用察看处分；对于相关责任人，视情节轻重，给予警告至撤职处分。

3）情节严重或给企业造成重大及以上经济损失的，对于直接责任人解除劳动合同；对于相关责任人，视情节轻重，给予警告至留用察看处分。

（10）第四十七条规定：其他违反廉洁从业规定，给企业造成影响或经济损失的，对于直接责任人和相关责任人，视情节轻重，给予警告至解除劳动合同处分。

5. 损害企业形象、影响队伍稳定行为惩处分则

（1）第四十八条规定通过媒体、网络、短信、微信、微博等媒介传播、散布谣言，发布不实信息，损害企业声誉和企业品牌形象的：

1）发生此项行为，情节较轻的，对于直接责任人给予警告处分。

2）给企业造成一定影响的，对于直接责任人给予记过处分；对于相关责任人给予警告处分。

3）给企业造成较大影响的，对于直接责任人给予记大过处分；对于相关责任人给予警告或记过处分。

4）给企业造成重大影响的，对于直接责任人给予降职（降级）或撤职处分；对于相关责任人，视情节轻重，给予警告至降职（降级）处分。

5）给企业造成恶劣影响的，对于直接责任人给予留用察看处分或解除劳动合同；对于相关责任人，视情节轻重，给予警告至留用察看处分。

（2）第四十九条规定违反国务院《信访条例》和《国家电网公司信访工作管理暂行办法》，捏造事实，煽动、组织、胁迫、以财物诱使、幕后操纵、参与群体上访的：

1）捏造事实，煽动、组织、胁迫、以财物诱使、幕后操纵、参与到地市、县政府部门群体上访的，对于直接责任人给予记过处分；对于相关责任人给予警告处分。

2）捏造事实，煽动、组织、胁迫、以财物诱使、幕后操纵、参与到省公司本部群体上访的，对于直接责任人给予记大过处分；对于相关责任人给予警告或记过处分。

3）捏造事实，煽动、组织、胁迫、以财物诱使、幕后操纵、参与到省政府相关部门群体上访的，对于直接责任人给予降职（降级）或撤职处分；对于相关责任人，视情节轻重，给予警告至降职（降级）处分。

4）捏造事实，煽动、组织、胁迫、以财物诱使、幕后操纵、参与到国家电网有限公司总部群体上访的，对于直接责任人给予留用察看处分；对于相关责任人，视情节轻重，给予警告至撤职处分。

5）捏造事实，煽动、组织、胁迫、以财物诱使、幕后操纵、参与进京到政府有关部门群体上访的，对于直接责任人解除劳动合同；对于相关责任人，视情节轻重，给予警告至留用察看处分。

（3）第五十条规定采取网络、言语等方式进行诽谤、诬陷、中伤他人，损害他人声誉，影响生产秩序、工作秩序或企业稳定的：

1）发生此项行为，情节较轻的，对于直接责任人给予警告处分。

2）给企业造成一定影响的，对于直接责任人给予记过处分；对于相关责任人给予警告处分。

3）给企业造成较大影响的，对于直接责任人给予记大过处分；对于相关责任人给予警告或记过处分。

4）给企业造成重大影响的，对于直接责任人给予降职（降级）或撤职处分；对于相关责任人，视情节轻重，给予警告至降职（降级）处分。

5）给企业造成恶劣影响的，对于直接责任人给予留用察看处分或解除劳动合同；对于相关责任人，视情节轻重，给予警告至撤职处分。

（4）第五十一条规定对依法合规行使批评、申诉、控告、检举等权利的行为进行压制或者打击报复的：

1）发生此项行为，情节较轻的，给予警告处分。

2）给企业造成一定影响的，给予记过处分。

3）给企业造成较大影响的，给予记大过处分。

4）给企业造成重大影响的，给予降职（降级）或撤职处分。

5）给企业造成恶劣影响的，给予留用察看处分或解除劳动合同。

（5）第五十二条规定发生违反社会主义道德、妨害社会公共秩序行为的：

1）发生此项行为，情节较轻的，给予警告处分。

2）给企业造成一定影响的，给予记过处分。

3）给企业造成较大影响的，给予记大过处分。

4）给企业造成重大影响的，给予降职（降级）或撤职处分。

5）给企业造成恶劣影响的，给予留用察看处分或解除劳动合同。

（6）第五十三条规定：其他损害企业形象、影响队伍稳定的，对于直接责任人和相关责任人，视情节轻重，给予警告至解除劳动合同处分。

6.违反国家法律法规惩处分则

（1）第五十四条规定有下列损害国家声誉，危害民族团结的行为之一的，视情节轻重，给予记过至解除劳动合同处分：

1）散布有损宪法权威、中国共产党领导和国家声誉的言论的。

2）参加旨在反对宪法、中国共产党领导和国家的集会、游行、示威等活动的。

3）拒不执行或者变相不执行中国共产党和国家的路线方针政策、重大决策部署的。

4）参加非法组织、非法活动的。

5）挑拨、破坏民族关系，或者参加民族分裂活动的。

6）利用宗教活动破坏民族团结和社会稳定的。

7）在对外交往中损害国家荣誉和利益的。有前款第二项、第四项、第五项和第六项行为之一的，对策划者、组织者和骨干分子，解除劳动合同。公开发表反对宪法确立的国家指导思想，反对中国共产党领导，反对社会主义制度，反对改革开放的文章、演说、宣言、声明等的，解除劳动合同。

（2）第五十五条规定：利用宗族或者黑恶势力等欺压群众，或者纵容、包庇黑恶势力活动的，视情节轻重，给予撤职、留用察看或解除劳动合同处分。

（3）第五十六条规定：违反行政管理秩序，被行政拘留的，视情节轻重，给予警告至解除劳动合同处分。吸食、注射毒品，组织赌博，组织、支持、参与卖淫、嫖娼、色情活动的，予以撤职、留用察看或者解除劳动合同处分。

（4）第五十七条规定构成犯罪，有下列情形之一的，解除劳动合同：

1）因故意犯罪被判处管制、拘役或者有期徒刑以上刑罚（含宣告缓刑）的。

2）因过失犯罪被判处有期徒刑，刑期超过三年的。

3）因犯罪被单处或者并处剥夺政治权利的。因过失犯罪被判处管制、拘役或者三年及以下有期徒刑的，一般应当解除劳动合同；案件情况特殊，予以撤职或留用察看更为适当的，经上级员工奖惩工作领导小组批准，可以不解除劳动合同。员工因犯罪被单处罚金，或者犯罪情节轻微，人民检察院依法作出不起诉决定或者人民法院依法免予刑事处罚的，视情节轻重，给予撤职、留用察看或解除劳动合同处分。

（5）第五十八条规定：其他违反国家法律法规规定的，视情节严重，给予警告至解除劳动合同处分。

7. 纪律处分对应的经济处罚标准

纪律处分对应的经济处罚标准见表 5-1。

表 5-1   纪律处分对应的经济处罚标准

纪律处分	经济处罚
警告	扣发 2 个月绩效薪金（对应扣发月份的季度、年度绩效薪金一并扣除）
记过	扣发 4 个月绩效薪金（对应扣发月份的季度、年度绩效薪金一并扣除）
记大过	扣发 6 个月绩效薪金（对应扣发月份的季度、年度绩效薪金一并扣除）
降职（降级）	薪酬待遇按降职（降级）后实际职务（岗位）计发
撤职	薪酬待遇按撤销职务后聘用的岗位计发
留用察看	受处分期间，按当地最低工资标准发放工资

注 （1）对于企业负责人的经济处罚，在企业负责人业绩考核办法中有具体规定的，
　　　从其规定。
　　（2）对于公司总部员工的经济处罚，按公司总部绩效管理办法执行。

第二节　合规管理

《中央企业合规管理办法》（国务院国有资产监督管理委员会令第 42 号）
于 2022 年 10 月 1 日起施行。

（一）总则

（1）第一条规定：为深入贯彻法治思想，落实全面依法治国战略部署，深
化法治央企建设，推动中央企业加强合规管理，切实防控风险，有力保障深化
改革与高质量发展，根据《中华人民共和国公司法》《中华人民共和国企业国
有资产法》等有关法律法规，制定本办法。

（2）第二条规定：本办法适用于国务院国有资产监督管理委员会（以下简称国资委）根据国务院授权履行出资人职责的中央企业。

（3）第三条规定：本办法所称合规，是指企业经营管理行为和员工履职行为符合国家法律法规、监管规定、行业准则和国际条约、规则，以及公司章程、相关规章制度等要求。

本办法所称合规风险，是指企业及其员工在经营管理过程中因违规行为引发法律责任、造成经济或者声誉损失以及其他负面影响的可能性。

本办法所称合规管理，是指企业以有效防控合规风险为目的，以提升依法合规经营管理水平为导向，以企业经营管理行为和员工履职行为为对象，开展的包括建立合规制度、完善运行机制、培育合规文化、强化监督问责等有组织、有计划的管理活动。

（二）组织和职责

合规管理九大相关主体的职责。

（1）中央企业党委（党组）：把方向、管大局、促落实。

（2）中央企业董事会：定战略、作决策、防风险。

（3）经理层：谋经营、抓落实、强管理。

（4）主要负责人：推进法治建设第一责任人。

（5）合规委员会：统筹协调合规管理工作。

（6）首席合规官：领导合规管理部门、指导所属单位。

（7）业务及职能部门：承担合规管理主体责任。

（8）合规管理部门：牵头负责本企业合规管理工作。

（9）纪检监察机构和审计、巡视巡查、监督追责等部门：监督、调查、追责。

（三）制度建议

（1）明确提出中央企业应当构建分级分类的合规制度体系，以制度建设取代以往的合规管理重点，并规范了制度体系的构建逻辑。

（2）列举重点领域，在尊重企业自主权的前提下进一步对合规重点领域的选区进行释明。

制度建议分三部分，根据法律法规、监管政策等变化，及时对规章制度进行修订完善，对执行落实情况进行检查。

（1）合规管理基本制度：总体目标、机构职责、运行机制、考核评价、监督问责。

（2）合规管理制度体系：适用范围、效力层级、分级分类。

（3）重点领域专项指南：反垄断、反商业贿赂，生态环保，税务管理，安全生产，劳动用工，数据保护。

（四）运行机制

《中央企业合规管理办法》中第二十条至第二十七条要求中央企业明晰各部门合规审查职责和界限，进一步提升合规审查的必要性，并提出各中央企业应完善合规审查闭环管理，强化评价的展开和结果的运用。

（1）细化合规审查要求强调合规有效性评价：

1）明确责任范围，细化问责标准。

2）发挥协同运作机制。

3）定期开展合规管理体系有效性评价。

4）开展整体考核、重点业务合规专项考核。

5）建立违规问题整改机制。

6）及时采取应对措施并向合规管理部门报告。

7）将合规审查嵌入经营管理流程。

8）设立风险识别预警机制。

9）设立举报平台。

（2）第二十八条规定：中央企业应当将合规管理作为法治建设重要内容，纳入对所属单位的考核评价。

（五）合规文化

《中央企业合规管理办法》中第二十九条至第三十二条从学习、培训、教育、践行四大维度对合规文化建设提出了具体要求并强调了企业领导人员的带头作用。

全员合规包括专题学习、合规培训、宣传教育和自觉践行。

将全员合规作为企业责任旨在增强企业领导人到全体人员的合规意识渗透。值得注意的是按照《中央企业合规管理办法》要求，建立常态化合规培训机制，需要中央企业合规管理部门及人力资源管理部门合力优化培训机制以加快合规意识培养。

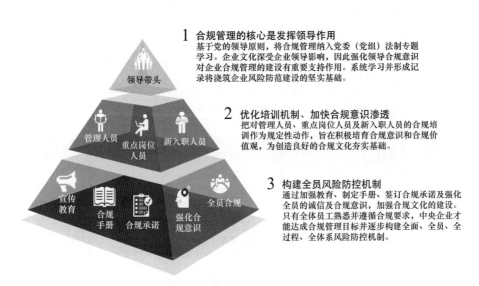

1　合规管理的核心是发挥领导作用
基于党的领导原则，将合规管理纳入党委（党组）法制专题学习。企业文化深受企业领导影响，因此强化领导合规意识对企业合规管理的建设有重要支持作用。系统学习并形成记录将浇筑企业风险防范建设的坚实基础。

2　优化培训机制、加快合规意识渗透
把对管理人员、重点岗位人员及新入职人员的合规培训作为规定性动作，旨在积极培育合规意识和合规价值观，为创造良好的合规文化夯实基础。

3　构建全员风险防控机制
通过加强教育、制定手册、签订合规承诺及强化全员的诚信及合规意识，加强合规文化的建设。只有全体员工熟悉并遵循合规要求，中央企业才能达成合规管理目标并逐步构建全面、全员、全过程、全体系风险防控机制。

图 5-1　建立常态合规培训机制

（六）信息化建设

《中央企业合规管理办法》中第三十三条至第三十六条强调要求中央企业应当通过四步举措加快建设合规管理信息系统。

（1）完善信息系统功能设置：合规制度，典型案例、合规培训，违规行为记录。

（2）强化过程管理：定期梳理业务流程、查找合规风险点、将合规要求及防控措施嵌入流程、对关键节点加强合规审查。

（3）实现数据共用共享：财务系统、投资系统、采购系统、其他信息系统。

（4）展开实时动态监测：利用技术手段辅助合规管理，紧抓重点领域、关键节点，及时预警合规风险，主动截停违规行为。

（七）监督问责

《中央企业合规管理办法》中第三十七及第三十八条进一步完善细化合规管理监督问责的追责情形，并将违规行为范围扩展至所属单位和个人，从而保障合规管理有效落实。

《中央企业合规管理办法》在中央企业风险合规方面提出了更高要求，明确传递出"务实""落地"两大信号，力求打破"合规停在纸面上"的顽疾，力争将合规变成中央企业制度建设、日常管理运行的重要组成部分。

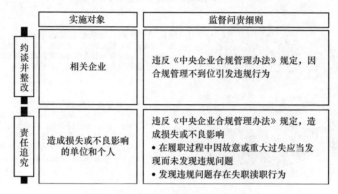

图 5-2　实施对象监督问责对比

第三节　十不干和十五条

一、生产作业现场"十不干"

（1）无票的不干。

（2）工作任务、危险点不清楚的不干。

（3）危险点控制措施未落实的不干。

（4）超出作业范围未经审批的不干。

（5）未在接地保护范围内的不干。

（6）现场安全措施布置不到位、安全工器具不合格的不干。

（7）杆塔根部、基础和拉线不牢固的不干。

（8）高处作业防坠落措施不完善的不干。

（9）有限空间内气体含量未经检测或检测不合格的不干。

（10）工作负责人（专责监护人）不在现场的不干。

二、安全生产十五条措施

（1）严格落实地方党委安全生产责任。

（2）严格落实地方政府安全生产责任。

（3）严格落实部门安全监管责任。

（4）严肃追究领导责任和监管责任。

（5）企业主要负责人必须严格履行第一责任人责任。

（6）深入扎实开展全国安全生产大检查。

（7）牢牢守住项目审批安全红线。

（8）严厉查处违法分包转包和挂靠资质行为。

（9）切实加强劳务派遣和灵活用工人员安全管理。

（10）重拳出击开展"打非治违"。

（11）坚决整治执法检查宽松软问题。

（12）着力加强安全监管执法队伍建设。

（13）重奖激励安全生产隐患举报。

（14）严肃查处瞒报谎报迟报漏报事故行为。

（15）统筹做好经济发展、疫情防控和安全生产工作。

第六章
优质服务

第一节　营商环境

一、营商环境颁布条件

《优化营商环境条例》于 2020 年 1 月 1 日起施行。《河南省优化营商环境条例》于 2021 年 1 月 1 日起执行。

自 2019 年以来，国家先后颁布一系列支撑优化营商环境政策，《优化营商环境条例》《中华人民共和国外商投资法实施条例》《关于进一步优化营商环境更好服务市场主体的实施意见》《关于深化商事制度改革进一步为企业松绑减负激发企业活力的通知》《关于深化"证照分离"改革进一步激发市场主体发展活力的通知》《关于开展营商环境创新试点工作的意见》激发经济发展的内动力，促进企业良性循环发展，保证人民安居乐业。

国务院营商环境是指企业等市场主体在市场经济活动中所涉及的体制机制性因素和条件，通常包括政务环境、市场环境、国际环境、法治环境、企业发展环境和社会环境等。从理论上来说，营商环境是一个系统的环境，更强调市场化、法治化、便利化、国际化的"软环境"。从实践上来看，营商环境是企业赖以生存和发展的土壤，代表着一个地方的软实力和竞争力。

二、各层级政府职责

《河南省优化营商环境条例》第二条至第九条规定省市县人民政府及有关部门、各级监察委员、各级人民法院、人民检察院、公安机关、新闻媒体，在优化营商环境中建立工作协调机制、推动优化营商环境工作，指导、协调、宣传落实相关政策，监督问题诉求，弘扬诚实信用和契约精神，营造良好的营商舆论氛围。

（一）各级国家机关及其工作人员职责要求

宣传落实相关政策、平等对待市场主体、主动提供高效服务、严格规范执法司法行为、组织推动经贸活动、诚信守法履约践诺、落实联系企业制度、听取企业意见、帮助企业排忧解难。不得加重企业负担，不得滥用职权，不得懒政怠政，不得歧视民营企业，不得漠视企业诉求，不得收受企业财物，不得干预企业经营活动，不得违规插手经济纠纷。

（二）各级人民政府职责要求

建立优化营商环境工作协调机制，统筹推进优化营商环境工作，及时协调、解决优化营商环境工作中的重大问题。建立县级以上人民政府发展改革部门是优化营商环境工作的主管部门，负责指导、组织、协调、监督优化营商环境工作，及时受理督办有关营商环境问题的诉求，按照职责分工依法查处破坏营商环境的违法行为。

（三）县级以上人民政府及其有关部门职责要求

受理营商环境投诉和举报，做出显著成绩的单位和个人给予表彰和奖励。

（四）各级监察委员会职责要求

加强对优化营商环境工作的监督，支持市场主体健康发展，保障优化营商环境相关政策的落实，推动构建亲清新型政商关系。

（五）各级人民法院、人民检察院、公安机关职责要求

保护各类市场主体合法权益，及时化解矛盾纠纷，维护平等有序的营商环境。

（六）各级人民政府及有关部门、新闻媒体职责要求

通过政府网站、广播、电视、报刊、杂志和其他互联网媒体，宣传优化营商环境政策措施和先进典型，弘扬诚实信用和契约精神，营造良好的营商舆论氛围。

三、优化市场环境

《河南省优化营商环境条例》第十条至第二十六条规定省市县人民政府及有关部门、金融机构、公用事业单位、行业协会商会优化市场环境及工作要求，确保市场公平、公正，良性循环。

（一）省级行政区域规定

本省行政区域内各类市场主体依法享有平等的市场准入权利，执行国家市场准入负面清单。对外商投资实行准入前国民待遇加负面清单管理制度。外商投资准入负面清单以外的领域，按照内外资一致的原则实施管理。

不得违反合同约定拖欠市场主体的货物、工程、服务等账款。政府及有关部门责任，拖欠市场主体账款，市场主体申请人民法院强制执行的，人民法院应当依法强制执行。市场主体有权要求拖欠方对因拖欠造成的损失进行赔偿。

（二）各级人民政府及有关部门规定

各级人民政府及有关部门应当依法保护市场主体经营自主权。任何单位和个人不得干预应当由市场主体依法自主决策的事项。健全市场运行机制，完善要素交易规则和服务体系，依法保障各类市场主体平等适用国家和本省支持发展政策，平等使用土地、劳动力、资本、技术、数据以及其他自然资源等各类生产要素和公共服务资源，公平参与市场竞争。

履行与市场主体依法签订的合同，不得违反合同约定拖欠市场主体的货物、工程、服务等账款，兑现以会议纪要、批复、文件等书面形式承诺的优惠条件，不得以政府换届、相关责任人调整或者当地政府政策调整等为由不履行、不兑现，或者延迟履行、延迟兑现。

因各级人民政府及有关部门责任导致依法签订的合同不履行、不完全履

行、延迟履行，承诺的优惠条件不兑现、延迟兑现，给市场主体造成损失的，应当予以赔偿。政府及有关部门责任拖欠市场主体账款，市场主体申请人民法院强制执行的，人民法院应当依法强制执行。市场主体有权要求拖欠方对因拖欠造成的损失进行赔偿。

（三）县级以上人民政府及其有关部门规定

建立健全公平竞争工作协调机制；建立有别于国有独资、全资公司的治理机制和监管制度；编制并公布行政审批中介服务事项清单，依法规范行政审批中介服务行为；开展金融机构与中小企业的融资服务对接，落实国家和本省关于中小企业金融支持的有关政策；省、设区的市人民政府应当设立中小企业政策性融资担保基金，建立健全融资担保体系，为中小企业融资提供增信服务。有条件的县级以上人民政府可以设立中小企业政策性融资担保基金。

县级以上人民政府自然资源和规划、住建、公安、市政、园林绿化、交通等有关部门应当优化水电气热等相关行政审批流程，实施并联审批，提高审批效率，为公用企事业单位便民服务提供便利。

不得违反合同约定拖欠市场主体的货物、工程、服务等账款。政府及有关部门责任，拖欠市场主体账款，市场主体申请人民法院强制执行的，人民法院应当依法强制执行。市场主体有权要求拖欠方对因拖欠造成的损失进行赔偿。

（四）金融机构规定

规范商业银行服务及收费行为，对同等申请条件下市场主体的贷款利率和贷款条件应当保持一致。不得向市场主体违规收取服务费用，不得转嫁依法依规应当由金融机构承担的费用，不得对中小企业等市场主体设置贷款审批歧视性规定。

金融监管部门应当及时查处商业银行等金融机构对市场主体提供贷款等融资服务时存在的以贷转存、存贷挂钩、强制搭售保险和理财产品等行为。

（五）公用事业单位规定

供水、供电、供气、供热、排水、污水处理、通信、邮政等公用企事业单位，应当公开服务范围、服务标准、服务流程、办理时限、资费标准等信息，推广应用互联网提供线上咨询、报装、查询、缴费、报修等服务。不得强迫市场主体接受不合理的服务条件，不得以任何名义收取不合理费用。

鼓励公用企事业单位为市场主体提供全程代办服务，优化办理流程、简化报装材料、压减申报办理时限，在材料齐全的情况下，应当自报装之日起，供水、供气、低压用户供电五个工作日内办结，供热 8 个工作日内办结。

（六）行业协会商会规定

行业协会商会应当加强行业自律，反映行业诉求，化解行业纠纷，维护会员合法权益。市场主体依法享有自主加入和退出行业协会商会的权利。任何单位和个人不得强制或者变相强制市场主体入会、退会。

行业协会商会及其工作人员不得有下列行为：

（1）组织市场主体达成垄断协议，排除或者限制竞争。

（2）没有法律法规依据，强制或者变相强制市场主体参加评比、达标、表彰、培训、考核、考试等活动。

（3）非法向市场主体收费或者强制要求市场主体捐赠、赞助等变相收费。

四、优化政务环境

《河南省优化营商环境条例》第二十七条至第四十七条规定省市县人民政府应当建立综合政务服务大厅，实行政务集中服务，政务服务实行一窗通办。

（一）省级规定

《优化营商环境条例》规定：国家建设全国一体化在线政务服务平台（以下称一体化在线平台），推动政务服务事项在全国范围内实现"一网通办"，推动政务信息系统整合，优化政务流程，促进政务服务跨地区、跨部门、跨层级数据共享和业务协同。

省人民政府应当建立综合政务服务大厅，实行政务集中服务，推进政府服务标准化。

省人民政府组织编制并公布全省各级统一的政务服务事项目录及其标准化工作流程、办事指南，并及时调整。相关行政机关不得单独设立和实施目录之外的政务服务事项；建立全省统一的投资审批事项及申报材料清单，加强投资项目在线审批监管平台应用，非涉密投资审批事项统一通过省投资项目在线审批监管平台办理，实行各级人民政府有关部门投资审批事项并联审批。

省人民政府有关部门编制并公布政府性基金及附加、涉企保证金、涉企行政事业性收费以及实行政府定价的经营服务性收费目录；完善工程建设项目审批管理系统，实现与相关平台系统的数据对接与同步共享。

省人民政府有关部门以及市、县人民政府政务服务平台应当互联互通，实现跨地区、跨部门、跨层级政务数据共享和业务协同。

（二）各级人民政府及有关部门规定

各级人民政府及有关部门应当增强服务意识，完善服务职能，转变工作作风，为市场主体提供规范、便利、高效的政务服务。

（三）县级以上人民政府及其有关部门规定

县级以上人民政府政务服务大厅和一体化在线政务服务平台，实现一窗通办、一网通办全覆盖；建立不动产登记与发展改革、公安、税务、住建、市场监管等部门信息互通共享机制，有条件的设置诉求响应平台。

县级以上人民政府有关部门应当简化企业开办程序，优化企业登记、公章刻制、申领发票、社保登记、银行开户等企业开办服务。

县级以上人民政府有关部门对一般经营项目的企业开办，申请人提交材料齐全的，应当即时办结；不能即时办结的，应当在一个工作日内办结；加强电子签名、电子印章、电子证照和电子档案在政务服务、社区事务受理等领域的互信互认和推广应用。

公共资源交易实行目录管理。列入目录的公共资源交易项目应当进入公共资源交易平台。全省公共资源交易平台应当规则统一、公开透明、服务高效、监督规范，实现全流程电子化交易。县级以上人民政府公共资源交易管理部门应当会同有关部门加强公共资源交易监管，健全交易风险防范机制，规范交易行为，提高交易监管水平。依法公开公共资源交易规则、流程、公告、程序、公示、结果、监管、信用等信息，保障各类市场主体及时获取相关信息，平等参与交易活动。

县级以上人民政府公共资源交易服务机构应当强化内部管理，完善平台功能，提高服务能力，依法为各类市场主体提供公平优质高效的服务。

县级以上人民政府财政部门以及依法进行政府采购的各级国家机关、事业单位和人民团体，应当落实政府采购中促进中小企业发展的政策，为中小企业开展政府采购有关业务提供便利，并依法及时公开政府采购项目等信息。

各地、各部门之间应当加强证明的互认共享，避免重复索要证明。工作中确需有关部门和单位配合审核的，通过部门间函询等便捷方式解决。

不动产登记机构提供线下服务的应当将房屋交易、缴税等事项纳入不动产登记综合服务窗口，实行登记、交易、缴税一窗受理、并行办理，办理时间为一个工作日，最多不超过三个工作日。

不动产登记机构与公用企事业单位、金融机构等应当实现不动产登记相关信息互通共享，对涉及不动产登记的水电气热、广电通信等过户、立户业务实现联动办理，相关公用企事业单位应当配合做好工作。

（四）行政审批规定

行政审批实行容缺受理制。实行政务服务事项办理承诺制，承诺制适用事项、办理条件、标准、流程等应当公开；涉及国家安全、公共安全和人民群众生命健康的事项除外。

行政审批机关对能够通过信用承诺、事中事后监管且风险可控的行政审批事项，可以采取告知承诺的方式实施行政审批。对于承诺符合办理条件的，应当直接办理并作出决定。

（五）招标投标规定

招标投标应当依法进行，坚持公开、公平、公正、诚实信用的原则，禁止围标、串标、陪标、私下定标；禁止以可能影响合同履行的异常低价中标；禁止公职人员非法干涉招标投标活动。县级以上人民政府及其有关部门应当完善招标投标监督和信息公示制度，推行电子招标投标。

五、优化法治环境

《河南省优化营商环境条例》第四十八条至第六十三条规定国家机关、县级以上人民政府及其他有关部门在优化营商环境法治建设中制定与市场主体相关的法规、规章，涉及市场主体权利义务的规范性文件、编制监管事项目录清单、建设公共法律服务体系、完善和细化知识产权等配套措施，确保市场有序健康成长。

（一）国家机关规定

国家机关制定与市场主体相关的法规、规章，涉及市场主体权利义务的规范性文件，应当听取市场主体、行业协会商会及其他自律监管机构的意见，并依法予以公布；依法规范和完善规范性文件备案审查制度，由承担备案审查职责的部门对规范性文件进行统一审查，发现问题及时责成制定单位纠正或者撤销；加强法律、法规、规章、规范性文件的宣传，对出台的涉及市场主体的简政、减税、减费、项目申报、经费补贴的地方性法规、政府规章、规范性文件，进行宣传解读。

（二）县级以上人民政府及其他有关部门规定

县级以上人民政府有关部门应当依法编制监管事项目录清单，明确监管部门、事项、对象、措施、设定依据、流程、结果、层级等内容，实行动态管理并定期向社会公布，加强对市场主体的监管，实现监管全覆盖。

县级以上人民政府及司法行政主管部门应当加快推进公共法律服务体系建设，整合律师、基层法律服务、公证、司法鉴定、人民调解、仲裁等法律服务资源，为市场主体提供法律咨询、法律援助和法律救济等服务，引导和帮助市场主体依法维权。

各级监察委员会、人民法院、人民检察院、公安机关应当依法平等保护市场主体的人身权和财产权。需要对市场主体及其法定代表人、主要管理人员以及实际控制人的涉案财物采取查封、扣押、冻结等措施的，应当严格依法进行，不得超权限、超范围、明显超标的、超时限；依法平等保护市场主体的经营自主权，对市场主体及其他当事人反映的问题，应当及时查处并予以回应，最大限度减少对市场主体正常生产经营活动的影响。

人民法院应当加强破产案件繁简分流机制，依法公正审理涉及市场主体的各类案件，县级以上人民政府应当与人民法院建立协调处置企业破产事件的长效工作机制，提升破产企业土地、房产等财产的流通性和变现价值，提高破产财产处置效率；设立破产费用保障专项基金，依法支持市场化债务重组，及时解决企业破产中的资产处置、税务处理、信用修复、企业注销、社会稳定、打击逃废债等问题。

检察机关应当加强对涉及市场主体刑事、民事、行政诉讼活动的监督，综合运用检察建议、公益诉讼、提出抗诉等监督手段，依法监督纠正损害市场主体合法权益的违法行为。

各级人民政府、监察委员会、人民法院、人民检察院应当密切配合，建立涉及市场主体案件的线索通报、案件移送、查处配合、快速办理工作协调机制，及时解决市场主体的矛盾纠纷案件和相关问题，营造良好的法治环境。

行政执法机关应当落实行政执法公示、行政执法全过程记录和重大行政执法决定法制审核制度，通过考核、定期报告、协调指导、执法数据共享等方式，推进行政执法严格、规范、公正、文明。

行政执法机关对市场主体违法行为情节轻微并且及时纠正，没有造成危害后果的，不予行政处罚；市场主体违法行为情节较轻，能主动消除或者减轻违法行为危害后果的，应当责令改正，从轻或者减轻行政处罚。

完善和细化知识产权创造、运用、交易、保护制度规则，落实知识产权侵权惩罚性赔偿制度。县级以上人民政府知识产权等有关部门应当健全知识产权保护的举报、投诉、维权快速通道，建立知识产权纠纷多元解决机制，推进知识产权纠纷快速调解，充分保障知识产权权利人的合法权益。知识产权部门应当建立企业专利海外应急援助机制，鼓励、引导企业建立专利预警制度，支持协会、知识产权中介机构为企业提供海外知识产权争端和突发事件的应急援助，护航企业创新发展。

地方性法规、政府规章、规范性文件的制定机关，应当根据全面深化改革、经济社会发展需要以及上位法制定、修改、解释、废止情况，对涉及市场主体经济活动的地方性法规以及政府规章、规范性文件及时进行专项清理，发现问题应当及时修改或者废止，清理结果应当及时向社会公布。

六、营商环境工作监督

《河南省优化营商环境条例》第七十三条至第八十一条规定制定营商环境奖惩制度、建立营商环境违法案件调查处理制度、健全投诉处理机制、营商环境监测机制、新闻媒体监督、社会公众监督办法，确保纳入督查范围，多渠道加强对营商环境的监督。

省人民政府应当建立营商环境奖惩制度，将营商环境评价结果与年度目标考核绩效奖金、评先树优、领导班子和干部考核挂钩。市、县级人民政府及其有关部门应当按照国家和本省有关规定，配合做好营商环境评价相关工作，不得弄虚作假。各地、各部门应当根据评价结果，制定完善整改措施。

省人民政府优化营商环境工作主管部门应当建立营商环境监测机制，建设全省统一的营商环境监测平台，加强各项数据指标动态监测，跟踪各项营商环境改革措施落实情况。

省人民政府优化营商环境工作主管部门应当建立营商环境评价制度，制定完善本省营商环境评价指标体系，定期组织开展全省营商环境评价工作，发挥工商联联系非公有制经济人士的桥梁纽带作用，通过召开座谈会、开展第三方评估等方式，听取市场主体对营商环境的评价意见，并将评价结果及时向社会公布。

县级以上人民代表大会常务委员会可以采取听取和审议行政机关、监察机关、审判机关、检察机关专项工作报告、执法检查、规范性文件备案审查、询问、质询等方式，加强对营商环境监督。

县级以上人民政府优化营商环境工作主管部门应当建立营商环境特邀监督员制度，聘请人大代表、政协委员、民主党派成员、企业家代表、媒体记者、行业协会负责人、商会负责人和群众代表担任监督员，对营商环境工作进行监督。

县级以上人民政府优化营商环境工作主管部门对破坏营商环境的违法案件，应当及时调查处理。

县级以上人民政府优化营商环境工作主管部门应当建立健全投诉处理机

制，通过便民服务专线、政务服务平台等渠道，接受社会各界对损害营商环境行为的投诉举报。对属于本部门职权范围内的投诉举报，应当在三十日内办结并答复，情况复杂的案件，经行政机关负责人同意可以延长三十日。对不属于本部门职权范围内的投诉举报，应当在五日内转有关部门办理，有关部门在上述时间内办结并答复投诉人、举报人。县级以上人民政府优化营商环境工作主管部门和有关部门应当为投诉人、举报人保密。

县级以上人民政府应当将优化营商环境工作纳入督查范围，通过专项督查、日常检查等方式对本级人民政府有关部门以及下级人民政府优化营商环境工作进行监督检查，对存在的问题依法及时纠正。

各级审计机关应当加强对优化营商环境相关政策落实情况的审计监督。优化营商环境工作主管部门在对营商环境进行评价过程中运用审计部门相关审计成果。

各级国家机关及其工作人员在法定职权范围内对优化营商环境、推进深化改革进行探索，未能实现预期目标或者出现偏差，但符合下列条件的，应当免除相关责任：

（1）符合国家和本省确定的改革方向。

（2）未违反法律、法规禁止性规定。

（3）决策程序符合法律、法规规定。

（4）勤勉尽责、未牟取私利。

七、营商环境法律责任

《河南省优化营商环境条例》第八十二条至第八十八条规定违反本条例规定的行为，法律、行政法规处罚规定。

（一）各级人民政府及有关部门的处罚

各级人民政府及有关部门不履行优化营商环境工作职责，有下列情形之一的，由法律、法规规定的相关主管部门责令改正；情节严重的，对直接负责的主管人员和其他直接责任人员依法给予处分；构成犯罪的，依法追究刑事责任：

（1）违反规定在市场准入等领域设置不合理的限制或者排斥条件的。

（2）违反规定干预市场主体经营自主权。

（3）违反规定侵犯市场主体财产权和其他合法权益的。

（4）强制市场主体赞助、捐赠等摊派行为的。

（5）未按规定落实对市场主体支持性政策的。

（6）为市场主体指定或者变相指定中介服务机构，或者违法强制市场主体接受中介服务的。

（7）拒不履行向市场主体依法作出的政策承诺和合同约定的。

（8）违反合同约定拖欠市场主体的货物、工程、服务等账款的。

（9）违反规定增加或者变相增加办事事项、办理条件、办事环节、办事材料，延长办事时限的；办理条件含有其他、有关等模糊性兜底条款的。

（10）在清单之外向企业收取政府性基金及附加、涉企保证金、涉企行政事业性收费，擅自提高收费标准的。

（11）向市场主体收取的保证金未按规定时限、程序返还的。

（12）非法干涉招标投标活动的。

（13）违反一网通办、一窗通办工作要求的。

（14）对一般经营项目企业开办申请未在规定时限内办结的。

（15）对社会投资的低风险工程建设项目未在规定时限内审批的。

（16）对不动产登记线下服务未在规定时限内办结的。

（17）制定或者实施政策措施妨碍市场主体公平竞争的。

（18）侵犯市场主体知识产权或者泄露涉及市场主体商业秘密、个人隐私信息的。

（19）对优化营商环境工作主管部门转办的投诉、举报拒不办理的。

（20）侵害市场主体利益、损害营商环境的其他情形。

违反前款规定，对于应各级人民政府及有关部门的处罚，有关部门不给予处分的，由优化营商环境工作主管部门督促有关部门依法予以处分；有关部门仍未予以处分的，优化营商环境工作主管部门可以提请监察机关依法处理。

违反规定在市场准入等领域设置不合理的限制或者排斥条件的；给市场

主体造成名誉损害的，应当赔礼道歉、消除影响、恢复名誉；对市场主体有多收、不应收取费用的，应当予以退回；给市场主体造成财产损失的，依法承担赔偿责任。

（二）各级监察委员会、人民法院、人民检察院、公安机关的处罚

各级监察委员会、人民法院、人民检察院、公安机关不履行优化营商环境相关工作职责，有下列情形之一的，由法律、法规规定的相关主管部门责令改正；情节严重的，对直接负责的主管人员和其他直接责任人员依法给予处分；构成犯罪的，依法追究刑事责任：

（1）违法干预市场主体正常经营活动的。

（2）违法对市场主体法定代表人、主要管理人员以及实际控制人采取限制人身自由的留置措施以及其他强制措施的。

（3）违法对市场主体及其法定代表人、主要管理人员以及实际控制人的涉案财产采取查封、扣押、冻结等措施，超权限、超范围、明显超标的、超时限的。

（4）对优化营商环境工作主管部门转办的投诉、举报拒不办理的。

（5）侵害市场主体利益、损害营商环境的其他情形。

违反规定，给市场主体造成名誉损害的，应当赔礼道歉、消除影响、恢复名誉；给市场主体造成财产损失的，依法承担赔偿责任。

（三）各级人民政府及有关部门、监察委员会、人民法院、人民检察院的处罚

各级人民政府及有关部门、监察委员会、人民法院、人民检察院的工作人员违反本条例规定，对营商环境造成不良影响的，视情节轻重，由相关部门根据职责权限采取下列一种或者几种方式督促整改：

（1）责令改正。

（2）公开道歉。

（3）通报批评。

（4）取消或者收回经济奖励。

（5）暂扣、收缴执法证件，取消执法资格，调离执法岗位。

（6）停职检查。

（四）公用企事业单位的处罚

水电气热等公用企事业单位有以下第一项、第二项情形的由优化营商环境工作主管部门责令改正，有第三项、第四项情形的由市场监管部门责令改正；拒不改正的，处一万元以上五万元以下的罚款；有违法所得的，没收违法所得。情节严重的，对直接负责的主管人员和其他直接责任人员，由所在单位或者上级机关依法给予处分；构成犯罪的，依法追究刑事责任：

（1）不向社会公开服务范围、服务标准、资费标准、服务流程、办理时限等信息的。

（2）在材料齐全的情况下，办理报装超过期限的。

（3）强迫市场主体接受不合理的服务条件的。

（4）向市场主体收取不合理费用的。

（五）行业协会商会的处罚

行业协会商会有以下第一～三项行为的由社会团体登记管理机关责令限期改正，拒不改正的可以停止其活动，有违法所得的没收违法所得并处违法所得三倍以上五倍以下的罚款；有第四项行为的，由市场监管部门处二十万元以上五十万元以下的罚款：

（1）强制或者变相强制市场主体入会、退会的。

（2）非法向市场主体收费或者强制要求市场主体捐赠、赞助等变相收费的。

（3）没有法律法规依据，强制或者变相强制市场主体参加评比、达标、表彰、培训、考核、考试等活动。

（4）组织市场主体达成垄断协议，排除或者限制竞争的。

违反规定情节严重的，由社会团体登记管理机关依法撤销登记；构成犯罪的，由司法机关依法追究刑事责任。

县级以上人民政府优化营商环境工作主管部门及其工作人员，在优化营商环境工作中玩忽职守、徇私舞弊、失职渎职、滥用职权的，依法给予处分；构成犯罪的，依法追究刑事责任。

第二节　三个十条

一、国家电网有限公司供电服务"十项承诺"（修订版）

第一条　电力供应安全可靠。城市电网平均供电可靠率达到 99.9%，居民客户端平均电压合格率达到 98.5%；农村电网平均供电可靠率达到 99.8%，居民客户端平均电压合格率达到 97.5%；特殊边远地区电网平均供电可靠率和居民客户端平均电压合格率符合国家有关监管要求。

第二条　停电限电及时告知。供电设施计划检修停电，提前通知用户或进行公告。临时检修停电，提前通知重要用户。故障停电，及时发布信息。当电力供应不足，不能保证连续供电时，严格按照政府批准的有序用电方案实施错避峰、停限电。

第三条　快速抢修及时复电。提供 24 小时电力故障报修服务，供电抢修人员到达现场的平均时间一般为：城区范围 45 分钟，农村地区 90 分钟，特殊边远地区 2 小时。到达现场后恢复供电平均时间一般为：城区范围 3 小时，农村地区 4 小时。

第四条　价费政策公开透明。严格执行价格主管部门制定的电价和收费政策，及时在供电营业场所、网上国网 App（微信公众号）、"95598"网站等渠道公开电价、收费标准和服务程序。

第五条　渠道服务丰富便捷。通过供电营业场所、"95598"电话（网站）、网上国网 App（微信公众号）等渠道，提供咨询办电、交费、报修、节能、电动汽车、新能源并网等服务，实现线上一网通办、线下一站式服务。

第六条　获得电力快捷高效。低压客户平均接电时间：居民客户 5 个工作日，非居民客户 15 个工作日。高压客户供电方案答复期限：单电源供电 15 个工作日，双电源供电 30 个工作日。高压客户装表接电期限：受电工程检验合格并办结相关手续后 5 个工作日。

第七条 **电能表异常快速响应。**受理客户计费电能表校验申请后，5 个工作日内出具检测结果。客户提出电能表数据异常后，5 个工作日内核实并答复。

第八条 **电费服务温馨便利。**通过短信、线上渠道信息推送等方式，告知客户电费发生及余额变化情况，提醒客户及时交费；通过邮箱订阅、线上渠道下载等方式，为客户提供电子发票、电子账单，推进客户电费交纳"一次都不跑"。

第九条 **服务投诉快速处理。**"95598"电话（网站）、网上国网 App（微信公众号）等渠道受理客户投诉后，24 小时内联系客户，5 个工作日内答复处理意见。

第十条 **保底服务尽职履责。**公开公平地向售电主体及其用户提供报装、计量、抄表、结算、维修等各类供电服务，并按约定履行保底供应商义务。供电服务"十项承诺"

《国家电网有限公司供电服务"十项承诺"》是公司对客户作出的庄严承诺。公司视信誉为生命，弘扬宗旨，信守承诺，不断提升客户满意度，持续为客户创造价值。

二、国家电网有限公司员工服务"十个不准"（修订版）

第一条 不准违规停电、无故拖延检修抢修和延迟送电。

第二条 不准违反政府部门批准的收费项目和标准向客户收费。

第三条 不准无故拒绝或拖延客户用电申请、增加办理条件和环节。

第四条 不准为客户工程指定设计、施工、供货单位。

第五条 不准擅自变更客户用电信息、对外泄露客户个人信息及商业秘密。

第六条 不准漠视客户合理用电诉求、推诿搪塞怠慢客户。

第七条 不准阻塞客户投诉举报渠道。

第八条 不准营业窗口擅自离岗或做与工作无关的事。

第九条 不准接受客户吃请和收受客户礼品、礼金、有价证券等。

第十条 不准利用岗位与工作便利侵害客户利益、为个人及亲友谋取不正当利益。

《国家电网有限公司员工服务"十个不准"》是公司对员工服务行为规定的底线、不能逾越的"红线"。

三、国家电网有限公司调度交易服务"十项措施"

（1）规范《并网调度协议》和《购售电合同》的签订与执行工作，坚持公开、公平、公正调度交易，依法维护电网运行秩序，为并网发电企业提供良好的运营环境。

（2）按规定、按时向政府有关部门报送调度交易信息；按规定、按时向发电企业和社会公众披露调度交易信息。

（3）规范服务行为，公开服务流程，健全服务机制，进一步推进调度交易优质服务窗口建设。

（4）严格执行政府有关部门制定的发电量调控目标，合理安排发电量进度公平调用发电机组辅助服务。

（5）健全完善问询答复制度，对发电企业提出的问询能够当场答复的，应当场予以答复；不能当场答复的，应当自接到问询之日起6个工作日内予以答复；如需延长答复期限的，应告知发电企业，延长答复的期限最长不超过12个工作日。

（6）充分尊重市场主体意愿，严格遵守政策规则，公开透明组织各类电力交易，按时准确完成电量结算。

（7）认真贯彻执行国家法律法规，严格落实小火电关停计划，做好清洁能源优先消纳工作，提高调度交易精益化水平，促进电力系统节能减排。

（8）健全完善电网企业与发电企业、电网企业与用电客户沟通协调机制，定期召开联席会，加强技术服务，及时协调解决重大技术问题，保障电力可靠有序供应。

（9）认真执行国家有关规定和调度规程，优化新机并网服务流程，为发电企业提供高效优质的新机并网及转商运服务。

（10）严格执行《国家电网公司电力调度机构工作人员"五不准"规定》

和《国家电网公司电力交易机构服务准则》，聘请"三公"调度交易监督员，省级及以上调度交易设立投诉电话，公布投诉电子邮箱。

《国家电网有限公司调度交易服务"十项措施"》是公司坚持开放透明、依法经营，正确处理与合作伙伴关系的基本准则。公司主动接受监管和监督，依法合规经营，不断提高服务发电企业水平。

第七章
职业发展

第一节　何为"职业生涯"

职业生涯是一个人一生所有与职业相连的行为与活动以及相关的态度、价值观、愿望等连续性经历的过程，也是一个人一生中职业、职位的变迁及职业目标的实现过程。简单地说，一个人职业发展的状态、过程及结果构成了个人的职业生涯。一个人对其职业发展有一定的控制力，可以利用所遇到的机会，从自己的职业生涯中最大限度地获得成功与满足。

一、角色转换

作为一名新员工在职业生涯之初，要尽快完成角色转换。新员工初来乍到可能觉得国网河南省电力公司的一切都很新鲜，但又觉得茫然，最要紧的就是要熟悉环境，学习企业文化，尽快融入河南电网这个大家庭。做一个合格的电网人，并不是那么简单，需要改变自己原来一些观念和习惯，这不是一蹴而就的，需要磨合的过程。新员工要珍惜每一个学习机会，哪怕是一节培训课程，也要主动向导师请教，向师傅学习，只要肯学，都能学到。充分利用学习资源，吸取前辈的经验，快速进入角色，快速进步。

要认清在团队中的位置。对于一个员工来说，要对自己有着清醒的认识，找到适合自己的位置。真正的路在于自己怎样走，每一步的积累都是自己人生中的宝贵财富。怨天尤人的思想和行为不仅耽误了自己的职业发展，而且也会影响到公司的整体发展。踏实地履行自己的职责，做好自己的工作，那么即使再平凡，自己的价值也是独一无二的。只要在平凡中找到自己的位置，就能享受平凡的快乐，就能拉近成功距离。

二、做好本职工作

作为一个新加入企业的员工，最关键的是把自己的工作做好。可能第一份工作跟你所想象的会有差距，面对这个差距，是用心把它做好，还是得过且过，不同的态度决定了以后你被选择的机会。在你的第一份工作中展现了激情，表现出了良好的合作精神，做出了贡献，那么下次你被选择的机会就大。如果得过且过，那么你以后被选择的机会可能就变小了。敬业就是员工把高度的使命感注入自己的工作中，忠于职守、尽职尽责、一丝不苟，把工作当成生命来热爱，把岗位看成使命来坚守的一种精神。

三、学会终身学习

通过不断学习提升自己的技能是自己的责任。做一个开放自我的人，只要你愿意学习就会有很多经验供你享用，取之不尽，用之不竭。在技术潮起潮落的今天，任何一项技术的保险度都不高，短则三五个月，长则一两年，基本上就过时了。所以，只有不断充电，才能适应工作的要求。工作是一个人一生中必须要经历的过程，工作同时又是一种实践，通过这一实践员工能学到更多的职业技能，积累更多的从业经验，因此，工作就是最直接的学习。要想成为一名学习型员工，可以培养学习动力并持之以恒地学习。在竞争激烈的市场中，知识与地位、财富的联系越来越紧密，"临渊羡鱼，不如退而结网"，想在工作上做出成绩，就必须付出汗水和辛勤劳动。

世界上最容易的事就是坚持，最难的事也是坚持。坚持不懈是界定一个成功与失败的分水岭，就像马拉松赛跑，最初参加的人可能有成百上千人，但是跑出一段路程之后，参赛的人便渐渐少了。原因是坚持不下去的人，逐渐自我淘汰了，而且越到后面人越少，全程都跑完能够冲刺的人很少。但奖牌就在这些能坚持到最后的人当中产生。马拉松赛跑与其说是赛速度，不如说是毅力，就是看谁能坚持到最后。

第二节　职业的阶梯

一、新员工成长阶段

新员工入职培养在入职当年到次年，分入职教育、轮岗见习、定岗实习、集中培训四个阶段顺序进行。

（1）入职教育，在报到后一个月内（一般为入职当年的8月）进行，时间3至7天，由省公司级单位统一组织实施。

（2）轮岗见习，在入职教育后进行，时间不少于3个月，由地市公司级单位（用人单位）组织实施。安排新员工到2至4个与所学专业或拟定岗位紧密相关的一线单位岗位跟班见习，在每个一线单位岗位跟班见习的时间不得少于2周。

（3）定岗实习。在轮岗见习后，由用人部门（县公司、工区、中心、车间等一线单位）安排新员工到班组进行定岗实习，时间不少于6个月。

（4）集中培训。理工类专业（电气工程、信息通信、自动化、土建、机械等）毕业生在定岗实习后进行集中培训，时间为8周；非理工类专业（财务、金融、人力资源、经济、法律、管理、新闻等）毕业生在轮岗见习后组织集中培训，时间为4周。硕士及以下毕业生集中培训由国网技术学院按照区域、单位分批组织实施。博士毕业生在轮岗见习后组织为期4周的集中培训，由国网高培中心具体实施。

二、职业发展

（一）员工上升通道

（1）国网河南省电力公司新员工上升通道图如图7-1所示。

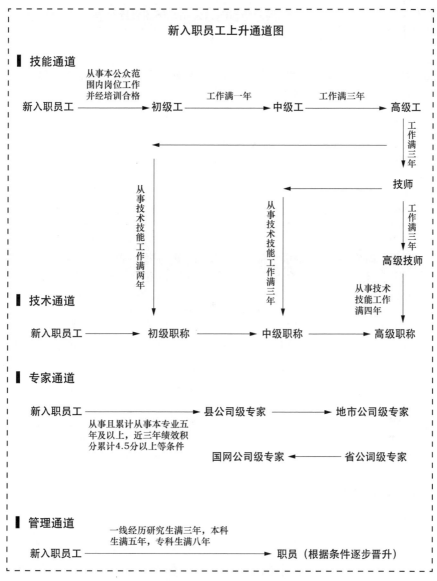

图 7-1　国网河南省电力公司新员工上升通道图

（2）国网河南省电力公司职员职级序列见表 7-1。

表7-1　　　　　　　　　　　国网河南省电力公司职员职级序列表

职员职级	省公司本部						地市、县公司					
	电网规划	工程建设	电网运行	运维检修	市场营销	综合管理	电网规划	工程建设	电网运行	运维检修	市场营销	综合管理
二级	资深规划师	资深建设师	资深运行师	资深检修师	资深营销师	资深管理师						
三级	主任规划师	主任建设师	主任运行师	主任检修师	主任营销师	主任管理师	主任规划师	主任建设师	主任运行师	主任检修师	主任	主任管理师
四级	高级规划师	高级建设师	高级运行师	高级检修师	高级营销师	高级管理师	高级规划师	高级建设师	高级运行师	高级检修师	高级	高级管理师
五级	规划师	建设师	运行师	检修师		管理师	规划师	建设师	运行师	检修师		管理师
六级							规划专责	建设专责	运行专责	检修专责	营销专责	专责
七级							规划助理	建设助理	运行助理	检修助理	检修助理	助理

（二）人才评选

1. 人才分级

优秀人才，是指公司逐级选拔产生的品德优秀、理论深厚、技艺精湛、业绩突出的专家人才，统一授予称号，按层级划分为公司级、省公司级、地市公司级和县公司级。

（1）公司级。由公司总部选拔产生，具有深厚理论知识、精湛业务水平、高超技艺技能，在专业领域作出突出贡献，在公司内具有一定影响力专业带头人，授予公司级专家称号，包括中国电科院院士和首席专家（首席工程师、首席技师）。

（2）省公司级。由省公司级单位选拔产生，具有深厚理论功底、丰富实践经验、高超技能水平，在省公司级单位具有很高知名度的杰出人才，授予省公司级专家称号（高级专家称号）。

（3）地市公司级。由地市公司级单位选拔产生，具有较深厚理论水平、丰富实践经验、较高技能水平，在地市公司级单位具有较高知名度的优秀人才，授予地市公司级专家称号（优秀专家称号）。

（4）县公司级。由地市公司级单位或授权县公司级单位选拔产生，精通业务、经验丰富、业绩突出的县公司级单位复合型、专家型优秀人才，授予县公司级专家称号。

2. 人才分类

专家人才分为科技研发类、生产技能类和专业管理类。

3. 优秀人才规模

高级专家、优秀专家、专家实行总量控制、逐年增选，规模分别不超过本单位三、四、五级领导（管理）人员编制的50%，科研单位可根据本单位实际科学设定。其中，专业管理类专家数量不超过总规模的25%。

中国电科院院士评选规模根据国家能源战略、产业发展和关键核心技术攻关等需要确定，首席专家评选规模为300名。

（三）专业技术资格评定

专业技术资格评定又名职称评定，是指按照既定标准和规定程序对专业技术人员的思想品德、职业道德、学术造诣、技术水平和专业能力进行评价的活动，包括认定和评审两种形式。

评定范围一般包括工程、经济、会计、技工院校（职业院校）教师、档案、卫生、新闻等系列（专业），具体评定范围以中华人民共和国人力资源和社会保障部授权为准；根据国务院国有资产监督管理委员会授权，开展副高级及以下政工系列评定工作。

高级职称评定方式按照中华人民共和国人力资源和社会保障部备案规定执行，中级职称评定方式可根据实际需要和有关规定，自主选择确定。国家规定采用"考试"考评结合的系列（专业），按有关规定执行。

1. 取得途径

（1）员级：认定。

（2）助理级：认定。

（3）中级：认定、评审。

（4）副高级：评审。

（5）正高级：评审。

2. 申报专业技术资格——学历、年限条件

（1）认定方式。

员级：取得中专学历后从事本专业工作满1年，可认定员级职称。

助理级：

1）取得员级职称后从事本专业工作满4年。

2）取得大专学历后从事本专业工作满3年。

3）取得本科学历后从事本专业工作满1年。

4）取得硕士学位或双学士学位。

中级：

1）取得助理级职称后，硕士学位从事本专业工作满2年（国外学制不满2年的硕士须3年）、大学本科学习期间取得双学士学位后从事本专业工作满4年、大学本科毕业且在职取得第二个学士学位后从事本专业工作满2年。

2）取得博士学位。

（2）评审方式。

中级：现职称、学历和本专业工作年限达到国家相应系列（专业）规定要求。继续教育学时（学分）达到规定要求。近三年绩效考核累计积分不低于3分且评定年度考核结果不能为D。

副高级：现职称、学历和本专业工作年限达到国家相应系列（专业）规定要求。继续教育学时（学分）达到规定要求。近三年绩效考核累计积分不低于4分且评定年度考核结果不能为D。

正高级：现职称、学历和本专业工作年限达到国家相应系列（专业）规定要求。继续教育学时（学分）达到规定要求。近三年绩效考核累计积分不低于

4.5 分。

3. 申报专业技术资格——重要参考条件

计算机、英语：不再强制规定必须取得职业资格考试合格证书，但取得证书可增加积分。

4. 申报专业技术资格——业绩条件

（1）论文著作专业技术报告。建议至少有一篇第一作者的公开发表论文，发表刊物级别高。

（2）科技成果。科技进步奖，专利，最好是发明型专利，且排名靠前 QC。

（3）主要贡献。基建或技改工程解决复杂疑难问题，建章立制，起草、拟定工作规章、制度、导则、标准、规范等。

（四）技能等级评价

1. 技能等级评价工种

技能等级评价工种，见表 7-2。

表 7-2　　　　　　　　　　技能等级评价工种

序号	评价专业	评价工种	编码	相关工种
1	电网调控运行	电力调度员（主网）	PD0101	PD0102、PD0103
2		电网监控值班员	PD0102	PD0101、PD0301
3		电力调度员（配网）	PD0103	PD0101
4		电网调度自动化维护员	PD0104	PD0303、PD0304
5	输电运检	送电线路工	PD0201	PD0601
6		电力系统安装运维工（输电）	PD0202	PD0402
7		高压线路带电检修工（输电）	PD0203	PD0403
8		无人机巡检工	PD0204	
9	变电运检	变配电运行值班员	PD0301	PD0102
10		电气试验工	PD0302	PD0305、PD0309

续表

序号	评价专业	评价工种	编码	相关工种
11	变电运检	继电保护员	PD0303	PD0104、PD0304
12		电网调度自动化厂站端调试检修工	PD0304	PD0104、PD0303
13		变电设备检修工	PD0305	PD0302、PD0309
14	变电运营	换流站值班员	PD0306	
15		换流站直流设备检修工（一次）	PD0307	
16		换流站直流设备检修工（二次）	PD0308	
17		带电检测工	PD0309	PD0302、PD0305
18	配电运检	配电线路工	PD0401	
19		电力电缆安装运维工（配电）	PD0402	PD0202
20		高压线路带电检修工（配电）	PD0403	PD0203
21		配电运营指挥员	PD0404	
22		配网自动化运维工	PD0405	PD0304
23	电力营销	用电客户受理员	PD0501	PD0508、PD0509
24		用电监察员	PD0502	PD0503、PD0506
25		抄表核算收费员	PD0503	PD0502、PD0506
26		装表接电工	PD0504	PD0505
27		电能表修校工	PD0505	PD0504
28		电力负荷控制员	PD0506	PD0502、PD0503
29		智能用电运营工	PD0507	
30		客户代表	PD0508	PD0501

续表

序号	评价专业	评价工种	编码	相关工种
31	电力营销	农网配电营业工（台区经理）	PD0509	PD0501、PD0510
32		农网配电营业工（综合柜员）	PD0510	PD0509
33	送变电施工	架空线路工	PD0601	PD0201
34		变电一次安装工	PD0602	
35		变电二次安装工	PD0603	
36		机具维护工	PD0604	
37		土建施工员	PD0605	
38	信息通信运维	通信运维检修工	PD0701	PD0702
39		通信工程建设工	PD0702	PD0701
40		信息运维检修工	PD0703	PD0704
41		信息工程建设工	PD0704	PD0703
42		信息调度监控员	PD0705	PD0707
43		信息通信客户服务代表	PD0706	
44		通信调度监控员	PD0707	PD0705
45		网络安全员	PD0708	
46	发电生产	集控值班员	PD0801	
47		发电厂运行值班员	PD0802	
48		水泵水轮机运检工	PD0803	
49	装备制造	变压器制造工	PD0901	
50	航空技能	航检作业员	PD1001	
51	生产辅助	物资仓储作业员	PD1101	
52		物资配送作业员	PD1102	

2. 技能等级评价申报

（1）申报条件。

1）具备下列条件，可申报初级工：从事本工种范围内岗位工作并经培训合格。

2）具备下列条件，可申报中级工：①一年内无直接责任重大设备损坏，人身伤亡事故。②取得初级工证书后，累计从事本工种或相关工种范围内岗位工作满1年。

3）具备下列条件，可申报高级工：①三年内无直接责任重大设备损坏，人身伤亡事故。②取得中级工证书后，累计从事本工种或相关工种范围内岗位工作满3年。

4）具备下列条件，可申报技师：①三年内无直接责任重大设备损坏，人身伤亡事故。②在解决技术难题方面起到骨干带头作用，传授技艺、授能培训成绩显著。③取得高级工证书后，累计从事本工种或相关工种范围内岗位工作满3年。

5）具备下列条件，可申报高级技师：①三年内无直接责任重大设备损坏，人身伤亡事故。②在行业有口碑，有解决重大、复杂技术与工艺问题的能力。传授技艺技能培训成绩显著。有较强的组织协调能力。③取得技师证书后，累计从事本工种或相关工种范围内岗位工作满3年。

（2）破格条件。

1）具备下列条件之一，可认定高级技师：①获得中华技能大奖、全国技术能手和享受国务院政府特殊津贴人员等国家级技能人才称号。②获得中央企业技术能手、全国电力行业技术能手以及省（自治区、直辖市）技术能手、技术标兵、技能大师和技能工匠等省部、行业或国家电网公司级技能人才称号。③在国家级技能竞赛中获得个人成绩前20名。④在省部、行业或国家电网公司级技能竞赛中获得个人成绩前10名。

2）具备下列条件之一，可认定技师：①获得技术能手、技术标兵、技能大师和技能工匠等地市、厅局或省公司级技能人才称号。②在国家级技能竞赛中获得个人成绩第21至50名。③在省部、行业或国网公司级技能竞赛中获得个人成绩第 11 至 20 名。④在地市、厅局或省公司级技能竞赛中获得个人成绩前 3 名。

（3）破格申报程序。破格申报工作每年底组织一次，破格申报者需履行申报和评审程序认定技能等级，但不参加相应考试或考核。

（4）其他说明。专业技术人才在技术岗位工作，可根据《人力资源社会保障部关于在工程技术领域实现高技能人才与工程技术人才职业发展贯通的意见（试行）》（人社部发〔2018〕74 号）规定，申请参加与现岗位对应工种等级评价。

1）从事本工种或相关工种范围内岗位工作满 3 年，取得助理工程师专业技术资格后可申报高级工。

2）从事本工种或相关工种范围内岗位工作满 4 年，取得工程师专业技术资格后可申报技师。

3）从事本专业或相关专业范围内岗位工作满 5 年，取得高级工程师专业技术资格可申报高级技师。

第三节　职业道德

职业道德是一般道德在职业行为中的反映，是社会分工的产物。所谓职业道德，就是人们在进行职业活动过程中，一切符合职业要求的心理意识、行为准则和行为规范的总和。它是一种内在的、非强制性的约束机制。是用来调整职业个人、职业主体和社会成员之间关系的行为准则和行为规范。

一、敬业

敬业的内涵表现在三个方面，即热爱本职、钻研业务和追求卓越。

（一）摆正心态——为什么要工作

稻盛和夫在书中介绍了他年轻时的经历。因为身患疾病和家庭变故，稻盛和夫考学不顺利、毕业了就业也不顺利，最后托关系才进了一家"濒临破产"的亏本企业。因为这个企业效益不好，并且经常迟发工资，同期进公司的其他人都先后离开了，他因一个"意外"，想走却没走成，无奈之下，不再抱怨，开始寻找工作的意义并全身心投入到工作中来，正是因为这个改变，让他的一生进入了良性循环。

所以他说，"劳动"是"医治百病的良药"；工作能够克服人生的磨难，让命运获得转机。工作的目的是提升自己的心志。

（二）注重方法——如何工作

1.极度认真

在那家快要倒闭的企业里，找到了工作意义的稻盛和夫把锅碗瓢盆都搬到了实验室，吃住在那里，昼夜不分全身心投入工作。他说他对工作不仅是认真，而且是"极度"认真。

2.热爱并迷恋工作

我们很少有人能一开始就从事自己喜欢的工作，稻盛和夫也不例外。但他在开始从事自己并不喜欢的工作时，告诉自己的却是"埋头到工作中去"，先改变自己的心态，"即使做不到很快就热爱工作，也要把厌恶工作这种负面情绪从心中排除"。

3.为小的成功感到高兴

因为所从事工作比较枯燥，每有一点很微不足道的成就时，稻盛和夫都会庆祝一番，有时还会喜形于色，大喊大叫、手舞足蹈，这让他的一个助手很鄙夷，认为稻盛和夫"浅薄""轻率"。其实，他的助手不知道，稻盛和夫在这里运用了"刻意练习"中重要方法"即时反馈"，这让那些难做的事情，得以一点点完成。

4.把工作当成孩子，倾注全部心血，与工作共生死，能够做到"抱着产品睡"

著名的"抱着产品睡"的案例发生在稻盛和夫创建京瓷公司不久，他们接了一个新订单，生产一种从未做过的陶瓷管，这种陶瓷管在干燥过程中如果掌握不好，容易变形，为了把事情做成，稻盛和夫决定自己抱着陶瓷管睡觉，把产品抱在胸前，整个通宵慢慢转动它，防止变形。

通过这种我们看来很"奇怪"的做法，京瓷完成了这次任务。也正是因为把工作和产品当作孩子，所以当产品出现故障时，他能听到"产品的哭泣声"，产品会告诉他故障在哪里，来帮助他解决问题。

5. 自我驱动

稻盛和夫把人分为"不燃""可燃"和"自燃"型三种，想要成就某项事业，必须成为能够自我燃烧的人。"自燃"型的人，不会等别人吩咐了才去干，而是在别人吩咐前自发去干，他们是主动积极、热爱工作的人。

6. 制订高目标

有了敬业精神，就绝不会让自己流于平庸。有了敬业精神，就会全力争做一个异常优秀的人，不仅要做别人要求做的，而且要能够超越人们的期望，不断追求卓越，把工作做得尽善尽美。

二、诚信

诚信是做人的基本准则，也是社会道德和职业道德的一个基本规范。诚信要求每名从业者在工作中严格遵守国家的法律、法规和工作的条例、纪律；要求做到秉公办事、坚持原则、不以权谋私；要求做到实事求是、信守诺言，对工作精益求精，注重产品质量和服务质量。

1. 诚信无价

人无信不可，民无信不立，国无信不威。诚信，是一种品格，是一个人安身立命之本。诚信，是一种责任，是国家友好交往前提。在新时代的背景下，诚信的价值地位日益突显，是每个人的立身之本，是公民的第二个"身份证"。

诚信，是人的内在道德修养与外在行为准则的统一，是中国传统价值观念的基本道德要求。在当代中国，诚信为公民践行社会主义核心价值观提供道德支撑。

一诺千金的诚信奶奶陈金英，80岁时，她欠下2077万的巨额债务，10年后她全部还清了。很多人都视她为"偶像"，说要向陈金英学习。但她却说："大家都说我在电视上出了名。但我自己的看法是，诚信是我做人的底线，做人就得诚信老实，借的钱必须得还给人家，这是责任。"

社会发展离不开诚信，诚信对于每个公民、一个民族、一个社会乃至一个国家都有着非常重要的意义。

2. 诚信是职业生涯的基石

企业诚信，靠企业的管理制度，经济实力维持，更靠具有诚信品质的员工去实现。有时候，哪怕只有一个员工，甚至只是一次偶然的失信，对企业所造成的负面影响都可能是无法挽回的。

新入职员工必须在诚信上下功夫，做人处世，努力做到坦诚真实、言行一致，将使自己受益终身。

诚信做人。以诚实守信为基本准则，说老实话，办老实事，做老实人，表里如一；对自己，加强修养，完善人格，扬善惩恶，光明磊落；对工作，求真务实，恪守职责，坚持真理，修正错误，以诚实的劳动创造财富、获取报酬。

办事公道。按原则和政策办事，对外办理业务坚持公开、公平、公正的原则，秉公办事，一视同仁，不徇私情；处理事务实事求是，言行一致，客观公正。

信守承诺。在社会经济交往和工作关系中，守信用、讲信誉、重信义，认真履行合同、契约和社会服务承诺；珍重合作关系，不任意违约，不制假售假，做到互帮、互让、互惠、互利。

三、文明

在人类发展史上，文明作为一种价值追求，对社会主体的实践活动起着十分重要的价值导向作用。社会主体对文明的追求，可以提升个人素养，优化社会秩序，推动国家发展。概括地讲，人类社会史就是一部人类文明史。

1. 文明是个人素养的重要体现

北京某大公司高薪招聘，引来一大批高素质人才竞相角逐，经过一系列的挑选，剩下五人接受最后面试。这些人已过五关斩六将，以为最后的面试只是走走过场而已，无甚要紧。于是他们都满怀信心地走进经理办公室，这时，经理说，不好意思，年轻人，我有点事要暂时出去二十分钟，你们能等我吗？五人异口同声地说，当然可以。经理出去了，在办公室里无聊等待的他们看到办公桌上有很多文件，便都凑过去，一摞摞地翻看。二十分钟后，经理准时回来了，说，面试到此结束。

几个年轻人莫名其妙，不禁问，我们还在等你呢，怎么就结束了？经理说，我出去的二十分钟就是你们的面试时间，我们公司不需要未经人同意便随意翻看别人东西的人。五人深为自己的鲁莽而懊悔。小行不检，大过也！

文明是一个人思想道德素质的外在表现，一个称呼、一句问候、一个举动，都可能留给人深刻印象，更容易赢得他人尊重与认可。

2. 文明是企业形象的重要体现

企业形象对于一个企业来说是至关重要的。每家企业都想在公众面前树立一个良好的企业形象，以赢得大众的喜爱与信任。在客户那里，每一位员工都是企业的形象代言人。客户可能不知道员工叫什么名字，但他一定知道与他互动的员工是哪个企业的。这一刻员工代表的是企业，员工给客户自信的感觉犹如企业给客户公司实力的感觉，员工的个人素养，直接影响企业形象和客户的满意度。

希尔顿的宾至如归。美国希尔顿饭店创立于1919年，在不到90年的时间里，从一家饭店扩展到100多家，遍布世界五大洲的各大城市，成为全球最大规模的饭店之一。80多年来，希尔顿饭店增长如此之快，其成功的秘诀在于其的创造"宾至如归"的文化理念，并把这个理念贯彻到每一个员工的思想和行为之中。希尔顿总公司的董事长，89岁高龄的唐纳·希尔顿所写的《宾至如归》，已成了每个希尔顿旅馆工作人员的"圣经"。你今天对客人微笑了没有？希尔顿十分重视企业礼仪和通过礼仪塑造企业形象，唐纳·希尔顿为此制定和强化能最终体现希尔顿礼仪的措施，即"微笑服务"。注重员工的文明礼仪教育，倡导员工的微笑服务。唐纳·希尔顿每天至少到一家希尔顿饭店与饭店的服务人员接触，向各级人员（从总经理到服务员）询问："你今天对客人微笑了没有？"

1930年是美国经济萧条最严重的一年，全美国的旅馆倒闭80%，希尔顿的旅馆也一家接一家地亏损，一度负债高达50万美元，希尔顿召集旅馆员工并向他们特别交代："目前正值旅馆亏空靠借债度日时期，我决定强渡难关。

一旦美国经济恐慌时期过去，我们希尔顿旅馆很快就能进入云开月出的局面。因此，我请各位记住，希尔顿的礼仪万万不能忘。无论旅馆本身遭遇的困难如何，希尔顿旅馆服务员脸上的微笑永远是属于顾客的。"由于唐纳·希尔顿对企业礼仪的重视，下属员工执行得很出色，并形成了自己的传统和习惯。事实上，在那只剩下 20% 的旅馆中，只有希尔顿旅馆服务员的微笑是美好的。经济萧条刚过，希尔顿旅馆就率先进入了新的繁荣期，跨入了黄金时代。

国家电网公司作为一个全心全意为人民服务的企业，秉承"人民电业为人民"的企业宗旨，坚持以人民为中心，将"为美好生活充电、为美丽中国赋能"作为企业发展的使命任务，用可靠的电力和更优质的服务，持续为客户创造最大价值，助力经济社会发展和人民美好生活。

国家电网公司作为服务民生的行业，员工在工作中一言一行、一举一动都代表着国家电网公司的形象。

四、保密

古人云"时时检饬，谨言慎行，守口要密，防意须严"，说的就是保守秘密的美德。"保密"是君子修德养性、修齐治平的处世之道，是守口如瓶的为人之道。

1. 保密是企业健康发展的需要

随着国有企业改革的不断深入，电力企业面临许多机遇和挑战，其保密工作也不例外。电力企业是关系国民经济命脉和国家能源安全的基础性企业，在国民经济和社会发展中承担着重要的政治、经济和社会责任，做好新形势下的保密工作，既是电力企业的政治任务，也是保持电力企业安全健康发展的迫切需要，更是电力企业员工义不容辞的责任。

全面深化电力体制改革对保密工作提出新要求。电力体制改革是一项系统性工程，既有政策顶层设计和分层对接的工作，又有政策统一性与政策差异性的工作，包括电力投资、生产、输送、运营管理、监管等方面，每一项改革涉及面广，影响深远，做好保密工作责任重大，任务艰巨。

信息化的广泛应用对保密工作提出新要求。随着互联网、大数据、人工智能、移动终端、云计算、物联网等新技术的快速发展，现代信息工具已经成为当今社会不可缺少的重要交流渠道。信息网络已经融入电力生产的各方面、各环节，承载着电力生产、营销服务、调度控制、经营管理、办公自动化等业务。同时，高科技窃密手段不断更新，已由病毒、漏洞、木马等显性攻击方式向软硬件预置后门、漏洞补丁空白等潜在风险发展，隐蔽性更强，更加难以防范。

近年来，电力企业重大的创新成果、关键核心技术、自主知识产权不断涌现，其中涉及国家安全和公司可持续发展的涉密信息日益增多，有的涉及能源电力行业和相关产业结构调整，有的涉及企业战略规划、经济运行、科技创新等核心领域。一旦发生泄密，就可能使国家、企业受到严重影响。

2. 保密就是保护自己

《中华人民共和国保守国家秘密法》以法律的形式明确了所有中华人民共和国的公民都有保守国家秘密的义务。随着保密相关法律法规的完善，以及保密宣传教育的逐步加强，各单位对保密的管理力度也逐渐增强，保密工作也得到有效提升。但是在日常工作生活中，"为图省事""事多疏忽""事出紧急"等原因，会无意中导致泄密事件的发生。

沈阳某设计研究所总体气动部涉密人员钱某，将装有计算机移动硬盘的小包放在自行车车筐骑车外出。途中下车参观所内正在装修的住房时将小包遗落在自行车车筐内。返回时，发现装有移动硬盘的小包丢失。经鉴定，计算机移动硬盘内存储的研究资料为秘密级国家秘密事项。该研究所给予钱某通报批评，给予负有领导责任的气动部部长和支部书记通报批评。

国家电网公司员工，在思想上，要牢记保守秘密就是保国家安全、保企业发展、保家庭幸福、保个人前途，筑牢坚如磐石、清醒坚定的思想防线。始终牢记保密责任重于泰山，增强抵御风险诱惑和辨别是非能力，任何时候都不心存侥幸，任何时候都不能麻痹懈怠。

在工作中，要树牢责任意识，筑牢保密防线，做到懂保密、会保密、善保密，管好自己的口，知道的不多说，掌握的不乱说，不能说的坚决不说，把遵守保密规定转化为工作习惯和行为准则，从细节做起，从小事做起，思想上砌起"防火墙"，机制上张开"防盗网"，行为谨慎，行事低调，行动守矩，时时多留一份心，处处多长一双眼，事事多把一道关，时刻绷紧保密弦。

五、廉洁

廉洁是一种理念、一种操守、一种道德、一种风尚，充满着鼓励人们向上、向善、向爱的社会正能量，对全社会形成道德判断力、道德荣誉感、道德影响力具有重要意义，对分正谬、懂对错、明是非、辨善恶、知廉耻起到重要作用。社会因廉洁而健康，古今中外许多政权都因腐败而败亡，很多国家因社会风气败坏而衰落。廉洁社会不仅是中华民族诉求的历史传统，也是当代中国人民期望的现实要求。

新员工是企业人才队伍的源头活水，是企业高质量发展的后备力量，关乎企业的未来。新员工可塑性强，接受新鲜事物快，新员工要尽快进入角色，稳步走好履职尽责、廉洁从业之路，扣好人生"第一粒扣子"。

抓好新员工党风廉洁自律的学习教育。新职工刚刚从学校毕业后跨入企业参加工作，存在着一个从学生向电力工作者角色的转变过程，在集中培训的过程中，应加强党的基本路线教育，社会主义理想信念、作风建设和廉洁文化的学习教育，进一步解放大家的思想，在改革开放的新形势下引导广大新职工树立正确的人生观、世界观、价值观，从思想上着力解决好权力观、地位观、利益观问题，充分理解党风廉政建设的重要性和必要性，使拒腐防变的意识不断深入新职工脑中、心中，在社会上、在企业内、在岗位上做一个讲法纪、讲道德、守诚信的好公民、好职工。

对新职工积极开展职业道德、行风建设、法制教育、遵纪守法和典型腐败警示方面的教育。法律是一种强制性的"他律"手段，是"惩恶扬善"的锐利武器。过去，开展法制教育一般都是正面地要求职工应该怎样，不应该怎样。这种教育方式起不到应有的警示作用，加上联系自身实际不够，效果甚微。因此，与廉洁自律教育相结合的法制教育应适当变换角度，改为"如不这样，将会怎样？"的教育方式，经常邀请法律工作者举行相关法律知识讲座，到法院去旁听有关腐败案件的宣判、到监狱去参观一些党的领导干部贪污腐败后失去人身自由的场面。同时还要积极营造树立党员形象，开展向优秀党员学习的良好氛围等活动。如此，新职工就可以在学习掌握有关法律知识的过程中，认识如果自己不"自律"将要付出惨重的人生代价，从而使他们增强"廉洁自律"的自觉性。

要积极引导和培养新职工的自我教育的能力。我国著名的教育学家叶圣陶先生曾经说过：教育的目的是达到不教育。电力企业廉洁自律教育也应从新职工的外部向内部转化，从思想政治教育向提高自我教育能力的转化，只有这样，才能真正地达到"不教育"的目的。所谓自我教育就是指人们为了形成良好的道德品质而自觉进行的思想转化和行为控制活动；自我教育能力包括自我认识、自我激励和自我控制的能力，如果这几种能力都得到了充分发展，自我教育能力就能全面提高。企业在进行新职工廉洁自律教育的同时，尤其要重视培养他们的自我控制能力，即为达到预定的目的而自觉地控制和调节自身行为和心理状态的能力。要教育新职工善于在复杂的环境中提出正确的目标，不失时机地付诸行动，在遇到困难、面临各种复杂局面和诱惑时，善于用意志力调节自己的心态，以坚强的毅力、心无旁骛地向既定的目标奋进。

加强廉洁文化建设、积极开展丰富多彩、形式多样的学习活动。企业在强化自身的廉洁文化建设上，同样对新职工的廉洁教育有着不可忽视的作用，所谓外环境能影响一个人的价值观和判断力，优秀的企业文化的感染和熏陶也是教育新职工廉洁自律的有效途径之一。企业在廉洁文化建设中要把廉洁自律放在重要的位置上，在日常的学习教育工作中可以利用企业报刊、宣传栏、广播等形式广泛宣传廉洁自律的内容，结合企业实际认真做好党风廉政建设的学习，例如积极开展廉政建设的征文活动，让新职工在思考中学习党风廉政建设的内涵，同时发放廉洁文化故事、手册等形式多样的教育文册，通过浅显易懂的图画、文字让新职工领悟廉洁自律的意义和重要性，使新职工进一步提高廉洁自律的意识和防腐拒变的能力。

新入职员工把遵守纪法作为行动自觉，绷紧廉洁从业这根"弦"，扣好新员工廉洁从业的"第一颗扣子"。

六、协作

一滴水只有放进大海里才永远不会干涸，一个人只有当他把自己和集体事业融合在一起的时候才最有力量。

1. 协作是一切事业成功的基础

团结协作是一切事业成功的基础，只有依靠团结的力量，才能超越个体的局限，发挥集体的协作作用，产生 1+1>2 的效果。

某公司招聘新员工时非常看重面试成绩。面试的考题并不难，但能通过的人总是寥寥无几。主考官在每个人的桌子上放了一叠厚厚的文件和一个夹子，向面试者说："请在 5 分钟之内用桌子上的夹子将文件夹好。"主考官话音刚落，面试者们便迫不及待地用手拿起夹子，试图尽快将这些文件夹好。让他们没有想到的事情发生了，夹子又大又硬，一只手根本按不开，如果用两只手按则又没办法拿住文件。5 分钟后，主考官宣布面试结果，只有 4 位面试者通过了面试。

原来，面试过程中，他们 4 人迅速分成两组，每组中都有一人将文件在桌子上排列整齐，然后用两只手紧紧握住文件一端的两角，而另一人则用两只手将夹子按开，然后夹好文件。不到 1 分钟，文件就整齐地夹好了。

2. 善于协作才能发挥最大的价值

我们所处的是一个协作的时代，大到国家、民族、地区之间，小到企业单位、各个部门、员工之间都离不开协作。

一个懂得协作、善于协作的员工是推动企业各项工作前进的润滑剂。朝着共同的目标迈进，彼此方便，相互帮助，精诚协作，无疑是一名职场人所应具备的基本职业素养。

第八章
职业礼仪

第一节　办公礼仪

一、办公语言的表现形式

（一）语言的分类

语言是传递信息的符号系统，按其表现的形式，主要有五类：有声语言、书面语言、无声语言、类语言、时空语言。

（1）有声语言。有声语言即自然语言，是发出声音的口头语言。它是以说和听为形式的语言，具体又分会话式和独白式两种。

1）会话式，是指两个或几个人之间所进行的交谈。如对话、商讨、辩论等。其特点是依赖情景、随意发挥，即双方同时共处同一交际场合，而且一般无法事先做详尽的准备。

2）独白式，是指一人讲众人听的单向说话。如演讲、报告、授课、会议发言等。其特点是指向明确、逻辑性强、充分展开。

（2）书面语言。书面语言是有声语言的一种文字符号形式，具有空间上的广延性，而且内容便于斟酌，在更大程度上扩大了语言作为人类交际工具的能力。书面语言主要包括公文体、新闻体、广告体和文艺作品等。

1）公文体，是机关、企事业单位、社会团体以及人民群众在日常工作、生产和生活中互相联系事务的应用文章。如通知、报告、决议、纪要、书信、调查报告等。其特点是实用性、针对性、程序性和时限性等。

2）新闻体，是报纸、广播、电视等大众媒介中常用的具有书面语言特点的综合体。如消息、通讯等。其特点是迅速及时，紧密配合形势，概括报道事实，具有真实性；文字简短扼要，表现手法主要是叙述。

3）广告体，是企事业单位通过各种媒介向公众介绍商品、报道服务内容或文娱节目等信息的一种宣传方式。广告体的种类很多，常见的有报刊广告、电视广告、广播广告、橱窗广告、陈列广告、灯光广告、路牌广告、招贴广告、模型广告等。其特点是语言精练、立意新颖、富于联想等。

4）文艺作品，是指以书面语言为工具，形象化地反映社会生活的文学艺术作品。如戏剧、诗歌、小说、散文等。它着重想象思维的感染力，具有典型性和形象性等特点。

（3）无声语言。无声语言是一种特殊的语言，是借助非有声语言来传递信息、表达感情、参与交际活动的一种不出声的伴随语言，分为默语和体语两大类。

默语是指话语中短暂的停顿、沉默，书面形式用省略号表示。社会交往中，恰到好处地运用默语，能够起到"此时无声胜有声"的效果。默语的特点是寓意丰富、时效性强、语境效应快等。

（4）类语言。类语言是交际过程中一种有声而无固定语义的语言。类语言一般包括声音要素和功能性发声两类。声音要素涉及音强、音高、音色；功能性发声包括哭、笑、叹息等。

语调是指交谈过程中语气和音频的差异，如用平稳的语气和柔和的语调连说："嗯，嗯"时表示在注意倾听对方的讲话；如突然"嗯"变升调且拉长音，表示疑问、不赞同。

1）升调，指情绪亢奋，语流运行状态由低向高，句尾音强而向上扬起。它一般用于提出问题、等待回答、感到意外、情绪惊恐；中途顿歇，全句未完；发布命令，进行号召等。

2）降调，指情绪稳定，语流运行状态由高向低，句尾音弱而下降。它一般用于陈述句、肯定句、感叹句、祈使句等。

3）平调，指情绪沉稳，语流运行状态基本平直，句尾和句首差不多在同一高度。它一般用于庄重严肃、踌躇迟疑、冷漠淡然、思索回忆等句子中。

4）曲调，情绪激动或情感复杂，语流运行呈起伏曲折状态，或由高而低再扬起，或由低而高再降下，或起伏更大，多用于语意双关、言外有意、幽默含蓄、讽刺嘲笑、意外惊奇、用意夸张等语句中。

（5）时空语言。时空语言是指"时间""环境"在社交传播中所产生的语义，包括时间语和空间语两类。

1）时间语。时间是"快节奏"现代人非常重视的观念。在今天，是否遵守时间、既是修养的体现，也是对对方尊重和重视程度的反映。此外从现代心理学、生理学来看，16:00—18:00 是体内时间（Body Time），即最没有效率的时间。还有西方人忌讳的"13 日""星期五"也应回避，不宜安排重要的社交活动。

2）空间语。空间即环境，环境影响社交效果主要有两方面：一是社交地点的选择，看是否有利于社交；二是礼宾次序的安排。

（二）公文语言的特点

公文语言属公文体，以实用为目的，因而其语言运用与一般文章相比，既有相同之处，更有其独特的要求。具体表现为：

（1）准确。准确性是公文语言的生命，它直接关系到公文质量的高低。

对于一些意义相近的词语，应反复考虑，仔细辨析它们之间的细微差别，选择最为准确的加以使用。

（2）简洁。公文写作需养成一种"精雕细琢"的作风，在语言表达上要认真推敲，反复修改，竭力删掉那些可有可无的字词句段，达到"句中无余字，篇内无赘语"的境界。要注重使用论断性语言，以确保其简洁性。

此外，还应适当运用一些简称（缩略语）等，也可使公文语言表达趋向简洁。

（3）庄重。公文具有政策性和权威性，因而要求其用语必须做到庄严、郑重。为此，需注意：要用叙述性、陈述性语言，忌用描绘性、抒情性语言；要用规范的书面语言，忌用方言。

（4）朴实。公文重在实用，指导工作。因而在语言运用上应力求朴实无华，要直陈其事，不要拐弯抹角、含蓄隐讳、故弄玄虚；也不要刻意藻饰、渲染、铺陈。

（5）得体。语言得体要和公文的语境相适应，要符合公文的语体风格。

（三）态势语言常见的表现形式

现代办公活动中，除了注目礼、致意礼、鞠躬礼和拥抱礼等见面礼仪形式外，还有以下一些基本的礼仪表现形式。

（1）握手。握手是在现代办公活动中使用频率最高，适应范围最广泛的一种礼仪。无论认识与否，年轻年长，见面或告别时，感谢或祝贺时，鼓励或慰问时，都可以施行握手礼。

1）握手要注意姿态。行握手礼时，通常距受礼者约一步，两脚立正，身体稍向前倾，伸出右手，四指并齐，拇指张开与对方相握，微微抖动三四次，然后松开恢复原状。

2）握手时要先后有序。一般由主人、长者、身份高者及女士先伸手。客人、年轻者、身份低者应先问候，待对方伸出手后再握手。但同级平辈见面时，双方伸手不分前后。

3）握手要掌握力度。一般情况下，握一下即可，不必用力。久别重逢的朋友、熟人握手力度可以大一些。男性与女性握手时，往往只需握一下对方的手指部分即可。但是如果用力过小，也容易使人感觉你是一个拘谨、傲慢无礼或者虚伪的人。

4）握手要充满热情。握手时要双目注视对方，面带笑容，体现出主动、热情和真诚。如果漫不经心或东张西望，边握手边看其他人或物，这既是违背了握手礼的基本要求，也是失礼行为。

5）握手要讲究卫生。与人握手应该注意保持双手的卫生，以不干净或湿的手与人相握是失礼的行为。握手时，男性不可戴手套，女性戴薄绒手套可以不脱。如实在来不及脱手套或正在工作来不及洗手，要向对方表示歉意。

6）握手要区别场合。握手看似平常，也要分清场合，区别对待。在一般情况下，熟人或老朋友之间，握手可随便些。如果在重大场合需握手的人比较多时，与每位握手时间要大致相等。还需注意，不要几个人交叉握手，这些做法也是失礼的行为。

（2）称呼。在工作中，选择适当的称呼，反映着自身的教养和对对方尊敬的程度，甚至还体现着双方关系发展所达到的程度和社会风尚，因此不能随便乱用。适当而得体的称呼，体现了一方对另外一方的尊敬度，会让两个人相处甚欢；不适当的称呼，会让对方感受不适，影响两个人交往的愉悦程度和合作效果。

1）职务性称呼。职务性称呼具体有三种情况：一是仅称呼其职务；二是在职务前加姓氏；三是在职务前加其姓名。

2）职称性称呼。职称性称呼具体也有三种情况：一是仅用职称称呼；二是在职称前加上姓氏；三是在职称前加上姓名。

3）学衔性称呼。学衔性称呼具体有四种情况：一是仅称呼学衔；二是在学衔前加上姓氏；三是在学衔前加上姓名；四是根据社交场合的具体需要，将学衔具体化进行称呼。

4）行业性称呼。行业性称呼具体有两种情况：一是用其职业进行称呼，如"王老师""张律师""蒋医生"等；二是对商业、服务业的人员按约定俗成的称呼，如"先生""女士"等。

5）在交往中称呼他人时要避免的问题。

第一，避免使用错误的称呼。

第二，不要使用过时的称呼，如用"长官""大人"等称呼政府官员等。

第三，避免使用地域性称呼造成误会，如"伙计""小鬼""堂客"等。

第四，不要使用不当行业称呼，一些特定行业的称呼在其他行业使用，不但不能表示亲近，反而会令人产生反感。

第五，避免使用庸俗低级的称呼，如正式场合，不能使用"兄弟""哥们儿""姐们儿"等。

第六，不要使用绰号称呼，使用绰号称呼别人对别人不礼貌，不尊重。

第七，不要使用侮辱性、歧视性的称呼。

除了解上述一般称呼外，在具体使用时还需注意以下几点

第一，要多使用尊称，避免、杜绝一些不恰当的称呼语。尊称是指对人尊敬的称呼，如您、您好，请您、贵姓、贵公司；不恰当的称呼语主要有两种情况：一是变"专称"为"泛称"。如将本指向徒弟传授技艺或有手艺活的"师傅"专称，泛称所有与之交往的人。二是变"贬称"为"褒称"。这主要表现在称呼语的同义选择和语词结构两方面，如称年长者为"老头子"而不是尊称为"老人家""老先生"等，如滥用含有轻视不尊重的、令人不快的字称呼语，如"看门的""打字的"等。

第二，称呼有时不易搞清楚的，不妨有礼貌地问一下，"请问我怎么称呼您？"不要凭自己的主观臆想使用称呼。

（3）介绍。介绍有各种各样的方式，如果按介绍者来区分，主要有以下四种：

1）介绍他人。在介绍他人时，介绍者处于当事人之间。因此，介绍之前必须要了解被介绍双方各自的身份、地位等信息。同时，要事先了解双方是否有结识的愿望，不要贸然行事。

2）自我介绍。自我介绍时，介绍者就是当事人。自我介绍应该态度热情，讲清自己的姓名、身份、单位，如有名片递上，效果则更好。对方一般会随后做自我介绍。

3）他人介绍。他人介绍时做介绍的人一般是主人或你熟悉的朋友。当别人为你做介绍时，要主动以礼貌的语言向双方问候或微笑点头致意。未被介绍给对方时，不宜插嘴对方的谈话。

4）随意介绍。主要指在非正式场合，不必考虑介绍秩序。

以上四种介绍方式，在社交中都有一定的礼仪规范。特别是前三种方式应注意以下几点：

（1）介绍时，态度要热忱，镇定自若，端正有礼，目光正视对方，略带微笑。

（2）为表示对客人、年长者、地位高者、女士的尊重，介绍时应是先把主人介绍给客人；先把年轻的介绍给年长的；先介绍别人再介绍自己；先将男士

介绍给女士；先将地位低的介绍给地位高的。

（3）介绍时要掌握分寸，实事求是。介绍他人既不能夸张失实让人怀疑，也不必有意贬低，违背介绍意图。介绍自己时更应谦虚。介绍他人时，还应当伸手示意，手掌微向上翻，以示尊重。

（4）介绍时，除女士和年长者外，一般应起立致意，但在宴会桌上及会谈桌上，可不必起立，只需微笑点头即可。待介绍完毕后，通常应先握一握手并说"您好""幸会""久仰"等。

（5）介绍时要做到口齿流利，发音清楚，务必使别人能够听清，决不要含糊。介绍他人时，一般不要称某人为"我的朋友"因为这样显得很不友好，好像其他人就不是你的朋友。

二、办公语言的具体运用

（一）语言表现形式的运用

生活是五彩缤纷、多种多样的，语言表现形式的运用也是极其丰富多彩的。

（1）接近的语言艺术。

现代办公活动中的"接近"是指通过适当的语言形式、语法修辞和必要的辅助手段，使社交的方方面面形成一种"悦纳""融洽"的关系。

它是深入交往的第一步，也是基础，靠的是诚挚、热忱、礼貌、得体，而绝非花言巧语。具体来说，注意以下几个方面：

1）介绍得体。介绍是经常采用的社交形式，得体的介绍能缩短人们之间的距离，扩大社交的圈子，还可以及时消除误会。因此，介绍既要注意简洁明了，打动对方，还应注意介绍时的一些基本礼节。

2）称谓规范。从礼仪角度讲，对一个人的称谓既表示了对他人的尊重，同时也显示了自己的礼貌修养。特别是在涉外场合应该照顾到国际惯例。由于外国人的姓名与我国汉族人的姓名大不相同，除了文字之外，姓名的组成排列顺序也都不一样，还常带有冠词、缀词等。实践证明，针对不同交往对象的特点，选用规范、合适的称呼，要比千篇一律的称呼亲切得多，效果也好得多。

3）善于提问。提问是一种语言艺术，恰当使用，有助于"接近"起到"投石问路"、加深了解的作用。如果"查户口"似的提问，往往会使对方感到一种无形的压力，浑身不自在。因而，提问应以开放性为主，封闭性为辅。

4）熟记人名。熟记人名既是社交之需，也是一种能力。在现代办公活动中，如果一个并不熟悉的人能叫出自己的姓名，并且亲切地加上"先生""女士""同志"之类的称呼，必然会油然产生一种亲切感和知己感，还有什么理由不与之接近。

（2）赞扬的语言艺术。美国著名心理学家威廉·詹姆斯教授曾说过："人性中最本质的愿望就是希望得到赞赏。"由此可见，期望赞美和尊重，是人类最基本的心理需要。然而，赞扬也应讲究艺术，才能收到预期的效果。

1）赞扬要有针对性、指向性。在赞扬别人时，应根据不同对象的年龄、性别、个性、知识层次等特点有目的、有针对性地进行，并且尽量把话说得形象具体，避免笼统含糊。

2）态度真诚，感情真挚。态度是个人对赞扬对象所持有的真实的评价，因为真诚与否，往往能够影响对方听到赞扬的反应。态度不真诚，感情也不真挚，一切赞美之词都会牵强、做作和苍白。

3）时机恰当，分寸适中。时机往往是事物发展的连接点和转化的关键点，只有时机恰当、及时，才能取得事半功倍的效果。同时，还应注意赞扬的分寸，即"度"，超过了不行，不及也不行。否则，会使受赞扬者产生逆反心理。

4）方式方法多种多样。赞扬的方式方法不但要因人而异，而且也要灵活多样，不拘一格。因为交际对象的思想和心理水平有很大的差异，这就决定了人们对赞扬的要求也各不相同。所以，既要善于当面赞扬别人，又要善于间接地赞扬别人。

（3）劝说的语言艺术。常言道：话有三说，巧说为妙。不同的谈话方式其效果往往大不一样。"触龙说赵太后"的故事尽人皆知。在现代社会里，我们虽然不需要像臣子劝说君王那样，但如能将婉言规劝用得恰到火候，对于改善关系、解决问题等都有很大用处。

1）以退为进。在暂时无法说服对方时，不妨先绕开话题，做些适当的让步，以便消除对方情绪的对立，使对方没有戒备心后，再因势利导，陈述利害。

2）理解对方。这也是劝说别人的一个重要条件。理解对方就是在劝说之前先要设身处地从对方角度考虑，多理解被说服者，这样才能感情真挚，缩短双方的心理距离，说服、规劝才容易打动对方的心灵。

3）旁敲侧击。这是指通过曲折、隐晦的语言形式，把自己的思想意见暗示给对方。这样，既可以达到说服引导以至批评的目的，又可以避免难堪的场面。

4）循循善诱。劝说别人，寻求双方态度上的一致性，往往是进行有效劝说的重要基础。因此，有步骤、有耐心地诱导对方思考，并巧妙、得体地启发、开导对方，做到心悦诚服，也不失为劝说的一种语言艺术。

（二）态势语的表现形式运用

态势语的正确运用，能够使我们的信息制作和传递达到意想不到的效果，大大提高人际交往的影响力和感染力。然而，在运用态势语时并不能随心所欲，这里面也有一个"度"的问题。要准确理解由表情、动作、体姿等态势语表现形式所传递的意义，并能在办公活动中正确地运用它们，必须注意以下方面：

（1）要注意建立良好的"第一印象"。现代办公工作人员为企业或组织塑造形象时，先要为自己塑造一个好的形象，也就是说，要建立良好的"第一印象"。而要建立"第一印象"的若干条件中，外表占最重要的地位。因此，要使自己的形象符合对方的期待，必须一方面注意培养自己的态势语的表现力，另一方面还要善于控制这种表现力，尤其是种种小动作、小行为。

控制态势语表现力是指在办公活动中能否善于组织和利用时间、地点、场所、气氛以及自身的风度、气质来取得对方的信任。风度、气质是一个人长期形成的习惯姿势、习惯动作、表情，以及习惯声调诸因素的综合。因此，要控制一些不良的习惯姿势、动作表情和声调的运用。例如，运用手势时切忌过量，不要当着别人面用手挖耳朵、鼻子、修剪指甲，避免在人前打哈欠、伸懒腰、打盹儿，切忌对着别人喷吐烟雾等。

（2）要掌握态势语一般的判断规律。在办公活动中，不仅本身要尽可能按照态势语运用的原则去实践它，而且对于别人的"所作所为"，要有个正确的判断和理解。究其原因，主要有以下三点：

1）从心理学角度看，人的无意识或下意识行为，往往会透露出自己的情绪以及对环境和他人的态度。

2）态势语反映着人们的生理和心理状态，反映在一个人的姿势、动作，以及其他的形体语言之中。

3）对态势语的分析应强调必须诚实这个先决条件，否则，容易得出错误、虚伪的信息，不利于正常的社会交往。

（三）电话礼仪

电话交谈与面对面交往既有共同点，又有不同点，如何在打电话、接电话的过程中贯彻一定的礼仪规范，使电话的使用更加有效，是礼仪应当认真研究的一个课题。因此，有必要介绍电话在现代办公时应遵守的礼仪。

（1）重视电话形象。重视电话形象，不仅是表现自己风度、自我修养的需要，也是塑造所代表的社会组织的良好形象的需要。例如，我们很难从一个打电话时啰唆、满嘴粗话的听觉形象中去相信他所在的公司是一个有良好风范和实力强大的公司；与此相反，如果我们听到的是一个说话严谨、谈吐不俗、充满礼貌和热情的电话，恐怕也很难怀疑对方所在组织的素质和实力。

打电话时应该做到：

1）传达十分必要的消息，不说无关紧要的内容。

2）语气要热诚、亲切。

3）言词准确、简洁、得体。

4）服务要及时、周到。

5）音调适中。

（2）留下第一印象。不论是谁，也不论是接听电话还是拨打电话，我们都必须牢记一点：从我们拿起话筒和对方开始交谈的那一刻起，我们就不只代表一个人，而是代表你的单位、你的公司，对方会以你在电话中的言谈与态度来评定你的单位和公司。而这方面给人的初步印象又关系到以后的交往。

（3）讲究文明礼貌。在通话时应遵守以下基本原则。

1）注意说话方式。在电话里说话的方式是说话人形象和气质的体现，因为言为心声。所以，要做好以下几点：

a.要口齿清楚，有节奏感，不可说得太快或太慢。切忌不管对方是否听清楚，只顾自己一味讲下去。

b.语气语调要温和，音量适中，让对方觉得你的声音是带着微笑的，娓娓道来才会让人感到舒服与和谐。

c.在通话的时候，不能干别的事情。

d.要简明扼要、主次分明，并要节省双方的时间。切忌喋喋不休，也不能不分重点。

2）问清目的。在回答电话时，应该确定对方是谁，是哪一单位的，以及目的为何。这些基本事宜一定要搞清楚，为处理问题和今后联系方便。

由于人的语言表达及普通话标准程度等存在差异，我们不可能要求每个打电话者都条理清晰、口齿伶俐地与你通话。如果对方一时讲不清打电话目的时，我们应耐心、和悦地提醒对方，不能让其感到压力。

3）忍耐与包容。在通话时，应该具有超乎寻常的忍耐心和包容心。如果对方语焉不详，对于想要说的话没做好充分准备，那不妨多给对方一个机会，并舒缓其情绪，使其得以畅所欲言。

如果有人不小心拨错电话，或电话不是找你时，不可粗暴无礼地横加指责，或不愿传达。轻轻地说道："哦，不好意思，你拨错了。""哦，请稍候，他马上就来"。即使对方口气不佳或态度蛮横，也要冷静处理。

第二节　商务礼仪

一、个人基本礼仪

（一）着装

办公室里的男性着装要注意不违反"TPO"（着装时间、地点、目的）原则，和时间、地点、交往对象相适应，做到庄重、大方、整洁、得体、干练、职业化。

办公室里的女性着装一定要适合周围的环境、工作性质，适合个人的相貌、气质、身材。既不能过分地追求性感、前卫、新潮，也不需要过分保守和呆板。既要大方得体，又要舒适、便于行动，要体现出自己的职业身份和专业素质。在款式上的选择可以不必过于拘泥，颜色上也可以选较为鲜亮一点的，如宝蓝、翠绿、亮橘、鹅黄等，能增添女性的青春活力。

（1）男士着装的"三个三"原则。

三色原则：指男士在正式场合穿着西装套装时，全身颜色必须限制在三种之内。

三一定律：指男士穿着西服、套装外出时，鞋子、腰带、公文包的色彩必须统一起来。最理想的选择是鞋子、腰带、公文包皆为黑色。

三大禁忌：①穿西装时袖子商标没拆；②穿袜子出错（尼龙袜、丝袜、白袜不可穿）；③领带戴法出错。

（2）女士着装原则。忌穿超短裙、忌"三截腿"、忌"薄露透"。

裙装：长短适度，上衣不要过长，下裙不要过短，裙短则不雅，裙长则无神，裙长在膝盖上下 3cm 为佳。

裤装：与正装搭配的裤装为长裤，不能穿着中裤、七分裤或是九分裤。长裤的长度以穿上高跟鞋后裤脚能遮住鞋面、露出鞋尖、且不拖地为准。

（二）站姿

正确站姿的基本要求是身体挺直，但不能僵硬，而是要自然、放松、端正、庄重。

头部。端正地摆放在两肩正中，不能向一侧歪斜或者垂头，也不能拉着下巴。眼睛要平视前方，下巴收紧，嘴微闭。

胸、肩部位。挺胸，两肩保持平齐。肩膀略微向后张，保持上身自然挺拔。切忌含胸、佝偻着肩膀或者耸肩、弓背。

腹、臀部位。收腹可以起到挺胸、提臀的效果。在收腹时，大腿内部的肌肉要有轻微的紧张感。臀部要收紧，略微向上翘。切忌：腹部肌肉松弛，挺着小肚子。

腿、脚部位。两腿挺直，膝盖相碰，脚跟略为分开，脚尖张开约 60°，呈 V 字形。对男士来讲，双脚的跨幅应当与肩同宽。身体重心通过两腿中间，落在脚前端的位置上。在站累的情况下，可以将左脚或右脚交替后撤一步，但上身仍须挺直，伸出的脚不可伸得太远，双腿不可叉开过大，变换也不能过于频繁。向客人问候或做介绍时，应当双脚并立，保持 10cm 左右距离，膝盖挺直。

（三）坐姿

在入座时，应用手将椅子轻轻拉出，避免发出响声。落座时要大方自然，不卑不亢。动作既不能太快，也不能太慢。落座后，身体应当和桌子保持一拳左右的距离。

胸、肩部位：挺胸、张肩，但不宜过于紧张。不能拉肩膀或耸肩、含胸。

腿、脚部位。双腿、膝盖靠拢，两腿自然弯曲，小腿与地面基本垂直，两脚平落地面。两膝间的距离，男子以松开一拳或二拳为宜，女子则不松开为好。脚踝并拢，足尖拉开 10cm 左右的距离。不宜双脚呈八字形，两膝分开；脚跟朝外，脚尖朝内。不要把小腿搁在大腿上，更不要把两腿直伸开去或不断地抖动。在一般情况下不要跷二郎腿。如果是在非正式场合或坐的是宽大的沙发，可以跷腿而坐，但不能跷得过高，腿脚也不宜摆动；脚尖平压，不能向上跷起。

手、臂部位：手臂自然下垂，双手半握放在膝上，五指并拢，手心向下；或一手放在沙发或椅子的扶手上，另一只手放在膝盖上。在跷腿而坐时，可以把双手交握，放在膝盖上。手中不要有不恰当的小动作。如摆弄头发、手指、圆珠笔或者整理衣服等。

腰部：上身要保持挺直，腰背稍靠椅背。和人交谈时，可以向谈话对象的方向侧坐，身体与腿同时倾向一侧，但不可歪向一侧。和正面的人交谈时，身体不能前倾，弯曲脊背或者以手托举下巴。

（四）走姿

男士的步态应大方、稳重；女士的步态应自然、轻盈。步幅大小适中，速度不要过快或过慢。走路的节奏和轻重、步幅大小应当保持一致。不可时快时慢、步子时大时小、时轻时重。遇到紧急情况可以加快步伐，但不要慌慌张张地奔跑。

当然，步态和人的整体精神面貌应当是一致的，视场合而定。日常工作中应当稳健、轻盈；工作紧张时应当精神抖擞、步伐坚定有力；非常正式的场合，则应当庄重、优雅。另外，男士如果是和女士同行，步伐应当和女士保持一致。如果是多人同行，不可排成一行，影响办公室中其他人的通行。

二、职场社交基本礼仪

（一）基本原则

在职场社交场合中，如何运用社交礼仪，怎样才能发挥礼仪应有的效应，怎样创造最佳人际关系状态，怎样让社交礼仪帮助我取得更多的成功，这同遵守礼仪原则密切相关。

（1）真诚尊重的原则。真诚尊重是礼仪的首要原则。真诚待人是尊重他人的表现；只有真诚尊重，方能创造和谐愉快的人际关系，真诚和尊重是相辅相成的。真诚是对人对事的一种实事求是的态度，是待人真心实意的友善表现。

（2）平等适度的原则。在职场社交上，礼仪行为总是表现为双方的，你给对方施礼，自然对方也会还礼于你，这种礼仪施行必须讲究平等的原则，平等是人与人交往时建立情感的基础，是保持良好的同事关系的诀窍。平等在交往中，应表现为处处时时平等谦虚待人，唯有此，才能结交更多的工作伙伴。

（3）自信的原则。自信的原则是社交场合中一个心理健康的原则，唯有对自己充满信心，才能在工作中如鱼得水，得心应手。自信是社交场合中一份很可贵的心理素质。

一个有充分自信心的人，才能在交往中不卑不亢、落落大方，遇到强者不自惭，遇到艰难不气馁，遇到侮辱敢于挺身反击，遇到弱者会伸出援助之手。

（4）信用宽容的原则。信用即就讲究信誉的原则。守信是中华民族的美德。在职场中，尤其讲究守时和守约。在社交场合，如没有充分把握就不要轻易许诺他人。

宽容的原则即与人为善的原则。在社交场合，宽容是一种较高的境界，是创造和谐人际关系的法宝。站在对方的立场去考虑一切，是你争取朋友的最好方法。

（二）餐饮礼仪

餐饮礼仪小到餐具的摆放，大到宾客的座位、菜肴的安排，都有一定的学问与内涵。掌握餐饮礼仪能给家人、朋友、同事和领导留下良好的印象。

在中餐宴请中，常常采用圆桌布置。圆桌的摆放不同，位次的尊卑也不同。

由两桌组成的小型宴会，餐桌的排列分为横排和竖排两种形式。

餐桌横排时，由面对正门的位置来定，讲究以右为尊，即在右边餐桌就餐的人要比在左边餐桌就餐的人尊贵。

餐桌竖排时，讲究以远为上、以近为下。这里的远近，是就距离正门的远近而言的，即在距离正门远的就餐人比在距离正门近的就餐人更尊贵。

用餐时，如果不知道自己该坐哪个座位，最好等主人指引后入席，以免坐了不该坐的位置。不要用自己的筷子夹捞食物，不要高谈阔论，唾沫四溅。

第三节 供电营业服务礼仪

随着电力体制改革的不断深化，供电企业面对着日趋激烈的市场竞争，自身服务水平的高低，也将成为决定企业前途命运的关键因素，服务成为供电企业的核心竞争力之一。供电企业改善服务，不仅是供电企业履行社会服务职责的需要，而且是赢得客户、赢得企业的生存和发展机会。供电企业要保持持续、稳定、健康发展，就必须采取实实在在的行动，把服务质量搞上去，让客户满意，以优质的服务赢得市场，创造价值。

在供电服务水平不断提升的今天，员工素质的高低已经成为决定服务水平的关键因素。因此，我们必须要抓紧时间，在加强员工培训、提高员工素质方面，多下功夫，狠下功夫，下足功夫，建立起一支高素质的服务队伍。

电网企业新员工入职成长手册

一、电力客户服务

电力客户服务中心就是呼叫中心（Call Center），主要提供信息服务（主要是电话接入服务）。从广义来说，电力客户服务中心是能够提供综合性供电服务的组织机构，例如，西安供电公司的客户服务中心，同时包含了信息服务和营销服务；深圳供电公司提出的"大客户服务中心"模式，包含了信息服务、营销服务、调度服务、抢修服务四项内容，是一个全方位的供电服务系统。

二、服务典型案例

案例一

【事件过程】

某天22：00，客户张先生拨打95598服务热线，质问为什么停电，客服代表查询后告知客户："对不起，您已连续欠费3个月，根据《电力供应与使用条例》的有关规定，对您实施了停电催费措施，希望您理解。"

客户："跟我讲法。那你们在没有告知我的情况下擅自停电合法吗？现在我从外地回来，冰箱的东西都臭了，冰箱已不能用了，你们如何赔偿？"

客服代表："我们停电前一周已经把停电通知书贴在您的表箱上。"

客户："谁知道你们表箱安哪里！我有义务天天跑去表箱看有没有通知单吗？我跟你讲，马上给我送电，我还要赶写报告呢。"

客服代表："先生，您的电费还没交，我们没法给您送电。"

客户："像我这样天天国内国外经常跑的，你们当然要及时告知我缴费的信息，不然怎么可能会记得准时去缴费？"

客服代表："可是，您经常在国内国外跑，难道我的欠费停电通知单还要跑到国外去发给您吗？"

客户："你说的是什么话？你什么服务态度？我跟你讲不清楚，我找你们上级。"客户随即挂机并进行了投诉。请问本案例中有哪些违规之处，暴露出什么问题？

【违反条款】

（1）《供电服务规范》第四条第二款：真心实意为客户着想，尽量满足客户的合理要求。对客户的咨询、投诉等不推诿，不拒绝，不搪塞，及时，耐心，准确地给予解答。

（2）《供电服务规范》第十四条第八款：客户来电话发泄怒气时，应仔细倾听并做好记录，对客户讲话应有所反应，并表示体谅对方的情绪。如感到难以处理时，应适时地将电话转给值长、主管等，避免与客户发生正面冲突。

（3）《供电营业规则》第六十七条：应将停电的客户、原因、时间报本单位负责人批准，在停电前三至七天内，将停电通知书送达客户，在停电前30分钟，将停电时间再通知客户一次，方可在通知规定时间实施停电。

【暴露问题】

（1）坐席代表缺乏沟通技巧，服务过程缺乏灵活性。

（2）欠费停电告知未有效送达。

【措施建议】

（1）加强"95598"座席代表的沟通技能和抱怨处理技能的培训。提升客服代表解决问题的能力。

（2）保持敏感性。供电所员工对于客户反馈的正常诉求，要时刻保持敏感性和警惕性，不得以各种理由推诿搪塞客户。

案例二

【事件过程】

某年3月3日，客户黄先生来到营业厅办理电能表过户手续。

客户代表小袁说："您好，黄先生，办理过户需提供原、新户身份证及复印件。"客户黄先生了解所需申请材料后就离开。3月15日，客户黄先生带上了原、新户的身份证复印件再次来到营业厅。

客户代表小陈告知客户黄先生："办理过户需要原、新户本人带上身份证及复印件到营业厅办理过户。"

客户黄先生说："上次来营业厅咨询过，只要带上身份证复印件就可以办理。怎么这次还要本人过来办理。"

客户代表小陈："本人到场办理，是为了过户时双方当面结算电费，原、新户进行交接，这样也是保障原、新户双方的权益。"

客户黄先生："你们能不能统一一下，一天一个样，之前没说清楚，现在原户都出国去了，我还特意请假过来办理。让我们用户跑来跑去，你们这叫什么优质服务。"

客户代表小陈："对不起，您的资料不全不能办理。"

说完客户代表小陈离开了营业柜台。客户黄先生等了许久后，十分气愤随即拨打了"95598"服务热线进行投诉。

请问在此过程中，供电企业工作人员有哪些违规之处？并对这一事件暴露出的问题提出改进建议。

【违反条款】

（1）本案例中客户代表小袁第一次告知客户过户手续时并没有书面告知客户，且未一次性告知行为违反了《国家电网公司员工服务"十个不准"》第三条规定：不准违反业务办理告知要求，造成客户重复往返。

（2）本案例中客户代表"直接推脱资料不全即离开柜台"的行为违反了《供电服务规范》第三章第八条规定：当有特殊情况必须暂时停办业务时，应列示"暂停营业"标牌。

【暴露问题】

客户代表对客户咨询业务未做到书面告知，仅口头告知造成客户误解，重复往返。

营业员服务礼仪欠缺，当客户正在气头上时，营业人员未做好进一步解释即离开柜台，造成客户被激怒。

【措施建议】

（1）受理用电业务时，应主动向客户说明该项业务需客户提供的相关资料、办理的基本流程、相关的收费项目和标准，并提供业务咨询和投诉电话号码。

（2）加强服务礼仪、服务沟通技巧培训，即使因为特殊情况离开营业柜台应事先告知客户，并引导至其他柜台办理。

【案例点评】

供电企业的优质服务已形成体系，电力客户对供电服务要求也越来越高。供电企业从自身出发，《国家电网公司员工服务十个不准》中要求服务人员需对客户办理的业务需做到一次性告知，避免客户重复往返。

三、服务特性

客户对服务质量的评价具有很强的主观性，在一定的环境和道德前提下，对同样的服务，不同的客户常常会根据自己的需要或标准而有不同的评价。例如，由于供电企业的原因导致了停电，抢修人员在 10min 内赶到现场并迅速恢复供电，居民客户可能感到比较满意，而工商业客户就可能会感受到不满，因为停电给其造成了经济损失。客户对服务质量的要求并非一成不变的，随着外界环境或自身条件的变化，客户对服务质量的评价标准往往也会改变。制定以客户为中心的战略；创立以客户为中心的业务流程；建立以客户为中心的组织架构；利用最新信息技术为"以客户为中心"的构想服务，可以更好保证以客户为中心。

四、服务方针

建立档案和获取信息的来源和方式：

（1）收集潜在客户名单和信息。在实践中取得潜在客户名单的方式很多，而是否能保证这个名单的质量是一个关键问题，而名单的质量又是潜在客户转化为现实客户的关键。

（2）询问者和反映者记录。目前，很多公司进行询问者电话登记，或在销售现场、展览会上请询问者填写调查表，存入客户档案。供电企业应该主动学习这些公司的做法，充分挖掘潜在客户的信息。

（3）登记现有客户。供电企业开展这项工作比较方便，因为办理用电业务的客户，都会留下较为详细的信息，如姓名、住址、银行账号等，在客户进行常规项目登记的同时，营销人员还可以邀请其填写其他项目，以获取更为充分的信息，客户也可因此获得更为周到的服务。

（4）查询销售原始记录。如果一个企业刚刚开始建立客户档案，查询销售记录是一个最为直接、简单的方法。供电企业开始建立客户数据库时，就可以查阅客户申请用电时的记录，然后再通过电话、信件等方式作深入了解。

（5）捕捉反馈信息。为了使档案能够反映客户的最新情况，还要采取多种形式收集客户反馈信息，并转换成档案材料。捕捉反馈信息的办法有电话记录、专门调查和营销人员访问等。

陈述简洁、明确。如"进一个门，找一个人，办所有事""只要您一个电话，其余的工作由我们来做"等，并不一定要求只用一两句话概括，但一定要鲜明，最好能反映电力行业特色。

定位准确，切合实际，让人觉得可信。服务方针一般会向客户宣传，让客户知晓，不切实际的方针会使客户产生被欺骗、被愚弄的感觉，招致客户的反感，损害企业形象，还会使其失去应有的严肃性、指导性和可操作性，引起本企业员工的不满。

突出自身的优势和特点。在竞争性行业，这一点显得非常重要。

通过电话人工应答或营业厅，能够受理永久、临时用户的各类新装、增容等用电业务，并将该业务直接进入电力营销管理信息系统流程，由电子传票形成闭环流程处理。通过电话人工应答、自动语音应答、Internet 网上浏览、营业厅咨询等方式，客户能够查询到自己所需的数据资料。通过电话人工应答，受理各类电力故障报修并迅速做出反应。能根据故障地点、性质以及通过多种方式（如计算机网络流程、电话、呼机、电台呼叫等）通知相关抢修部门或个人进行抢修。故障处理完毕后将恢复供电信息反馈给客户并接受客户监督。逐步实现通过 GPS 系统快速确定抢修车辆位置，下达抢修任务并提供最佳到达故障点的路线。通过电话人工应答、营业厅、网站或电子邮件等，受理客户对供电服务的各类投诉，并通过计算机流程传递投诉情况，并与职能部门形成闭环处理控制，将处理结果反馈给投诉客户。通过电话自动呼出、传真、网上发布、电子邮件等方式，按计算机流程控制向重要客户预告停电信息。通过电话自动呼出、手机短信息、传真、电子邮件等方式，按计算机流程对欠费客户进行自动、定时呼出，并播放催交电费语音提示信息。如实施客户网上业务受理和查询、电话交费、网上交费、网上市场需求调查等。

供电企业改善服务，从客户需求中了解自己，从而提高自己。服务提供者的知识、态度与传达信息的能力，能增强客户对企业服务质量的信心和安全感。缺少相关的知识很明显不能提供给客户满意的服务，专业服务尤其如此。因此，作为一个电力客户服务中心员工，只有掌握足够的电力知识，才能为用电客户提供满意的咨询服务。应该对客户多加关注和关心，在充分了解客户需求的基础上，尽最大努力满足客户。

网络时代客户服务规则有许多新变化。供电企业需建立服务网站。

服务企业应该保证服务质量达到国家标准。对供电企业来说，安全供电应该是最起码的要求，而不论任何时间、任何地点以及向何人供电。可靠、准确、一致地执行客户所期望服务（或服务保证）的能力。可靠性要求服务提供者避免在服务过程中出现差错。从客户需求的角度来说，可靠性比可感知性更为重要。比方说，如果供电企业的员工经常抄错电能表，"窗口"（如客户服务中心）服务人员的态度再好，也难令客户感到满意。提供快捷、有效的服务，反映了服务提供者是否真正以客户为中心，想客户之所想。

附 录
国网河南省电力公司 18 个
地市供电企业介绍

1. 国网郑州供电公司

国网郑州供电公司是国网河南省电力公司的分公司，也是国家电网有限公司大型供电企业，下辖包括港区公司在内的七家县级供电公司和一家产业单位郑州祥和集团有限公司。截至 2021 年底，公司供电营业总户数 434.6 万户，全口径用工 10619 人，资产总额 287.91 亿元。当年售电量 495.13 亿 kWh，同比增长 12.46%。

郑州电网地处河南电网核心，是全省最大的负荷中心和功率传输枢纽，在河南电网中具有承东启西、联南贯北的重要作用。

国网郑州供电公司坚持"争先进、作引领"发展目标定位不动摇，认真贯彻落实国家电网公司、省公司战略部署，紧紧抓住郑州建设国家中心城市重大历史机遇，积极推动公司和电网高质量发展，有力服务了郑州经济社会发展大局，为中原更加出彩、中部地区崛起、黄河流域生态保护和高质量发展作出了积极贡献。近年来，公司先后荣获全国五一劳动奖状、全国模范劳动关系和谐企业、全国模范职工之家、中央企业先进集体、河南省文明单位、抗疫先进集体、先进基层党组织、国家电网有限公司"文明单位""先进集体"等荣誉称号。"雷锋号"电力抢修队被中宣部命名为"全国学雷锋活动示范点"。

2. 国网洛阳供电公司

国网洛阳供电公司成立于 1958 年 4 月 4 日，是国网河南省电力公司的分公司，担负着全市 706 万人口生产生活的供电任务，供电面积 1.52 万 km^2，服务电力客户 282.07 万户，管理 9 个县级供电公司，全口径用工 7443 人。

洛阳电网是国家西电东送的重要枢纽之一，目前已形成以 500kV 为支撑、220kV 核心环网和市区 110kV 双环网为骨干通道的网架结构。现有 110kV 及以上变电站 149 座，变电容量 2594 万 kVA，输电线路 4790km。

近年来，在省公司和市委、市政府的坚强领导下，公司连续六届保持全国文明单位称号，荣获全国中央企业先进集体，国家电网公司先进集体、红旗党委，河南省脱贫攻坚先进集体、国企改革先进单位，洛阳市服务经济社会发展优秀单位、安全生产先进单位等多项荣誉，实现《公共服务大家评》"十连冠"，连续四年获得电力助推脱贫攻坚"好"的最高评价，受到市委、市政府通报表彰和社会各界充分肯定。

3. 国网南阳供电公司

国网南阳供电公司成立于 1969 年，是国网河南省电力公司所属分公司，担负南阳 2 个行政区、4 个开发区、10 县，以及邓州市的供电任务，管理 11 个县级供电公司，供电区域面积 2.66 万平方公里，供电区人口 1200 万，长期用工 7737 人、供电服务员工 2691 人、产业单位用工 3478 人，是河南省供电区域面积最大、所辖县级供电企业个数最多、用工总量最多的地市级供电公司。

南阳作为全国首个 1000kV 特高压交流试验示范工程落点地，电网初步形成了以特高压南阳变为支撑，500kV 电网为骨干网架，220kV 电网为区域主干网的坚强电网，在特高压全国联网的格局中占有重要地位。

近年来，在国家电网公司、省公司的正确领导下，公司企业安全生产、经营管理等工作都取得了长足发展：先后荣获全国五一劳动奖状、全国安康杯竞赛优胜企业、全国企业文化建设先进单位、全国精神文明建设先进单位、第六届全国文明单位；被省委、省政府授予"河南省文明单位标兵"称号；被南阳市委市政府授予"'两个高质量'绩效考核先进单位"，位居驻宛单位第一；在全市脱贫攻坚考核中获得双"好"评价、南阳市创建文明城市先进单位等多项国家、省、市级荣誉。公司《基于数字孪生技术的配电网全业务智慧平台建设与应用》项目被中国企业联合会评为全国智慧企业建设最佳实践方案，飞龙集团成功入选国网公司"2020年省管产业施工企业能力建设标准化单位"。公司职工相继当选全国劳动模范，为全市唯一一个连续两届都有全国劳模当选的单位。连续安全生产天数突破5900天。

4.国网安阳供电公司

国网安阳供电公司是国家大型一类和一流供电企业，下辖五家县级供电企业，承担着安阳市4县（市）、4区及省直管县滑县的供电任务，供电区域7413km²，供电人口629万，服务电力客户276万户。

安阳电网位于河南电网北部，是华北、华中电网联网的重要通道，通过7条500kV线路、14条220kV线路与省网及华北电网相连。

近年来，公司获得并保持"全国文明单位"荣誉称号，先后荣获全国五一劳动奖状、全国电力行业优秀企业、全国电力行业降线损增效益单位、全国"安康杯"竞赛优胜集体、中央企业先进基层党组织、国家电网公司先进集体等荣誉。2021年，公司荣获国家电网公司抗洪抢险保供电突击队、河南省企业服务工作先进单位、省公司应对特大暴雨抗洪抢险保供电先进单位、安阳市重点民生实事工作先进单位等48项省市级以上集体荣誉，公司党委荣获省公司"红旗党委"、安阳市先进基层党组织。公司抗洪抢险、民生实事、重大活动保电等工作先后10次获市领导批示肯定，充分彰显了国有企业"六个力量"重要作用和国家电网品牌形象。

5.国网新乡供电公司

国网新乡供电公司源于1933年的私人发电厂——新乡水电股份有限公司，是国网河南省电力公司的分公司，下辖8家县公司和1家产业单位平台企业，资产总额85.68亿元，肩负着为新乡市经济社会发展和全市228万电力客户提供可靠电力保障的重要任务。新乡电网东临开封、西联焦作、南接郑州、北通安濮鹤，是豫中、豫北电力交换枢纽，目前已形成以500kV变电站为核心、统调电厂为支撑、220kV变电站为依托的单双混合环网结构。

2020 年以来，公司上下认真贯彻省公司党委和市委、市政府工作部署，聚焦安全生产、供电服务、经营管控等重点，狠抓落实、奋勇争先，推进各项工作稳步提升。安全局面保持稳定，保持疫情防控"双零"态势，全力确保卫材企业等重要用户可靠供电，多次获市委市政府和省公司主要领导批示肯定；创新开展安全诚信积分评价、安全生产"龙虎榜"评比，统筹实施全员安全素质提升专项活动，长周期安全纪录保持省公司系统第三。电网发展持续加速，按期投产定国变、新乡变等重点工程，突出高质量发展理念，全省率先开展 110kV 基建工程主变利旧调剂，度夏期间 10kV 台区及线路轻载、重载合计占比全省最低；与中石化签订战略合作协议，建成全省首座油电一体化示范站；促成市政府与省公司在综合能源服务、电动汽车充换电设施建设、5G 建设等方面达成共识，签订战略合作框架协议。提质增效深入推进，售电量降幅持续收窄，超高损台区全部消除，高损、负损台区分别较年初下降 90.67%、79.37%，台区线损率创历史新低，同期线损综合排名稳居全省前三。改革创新不断深化，圆满完成退休人员社会化移交，制定产业指导委员会议事规则和 16 个专业指导监督管理实施意见，推进产业单位健康发展；大力推进科技创新，完成专利授权 10 项，QC 成果获省质协一等奖 3 项、全国电力行业二等奖 1 项。服务水平大幅提升，累计创建五星供电所 4 个，数量全省第一，供电所综合评价居全省前列；大力推行"阳光业扩"，办电时间、环节、成本全省领先；投诉量同比下降 85.90%，百万客户投诉率位居省公司 A 段，优于国网先进水平。综合竞争力持续增强，统筹开展"战略目标学思年"专项行动，制定战略落地重点任务清单，构建落地对标体系，印发"战略+运营"管控模式优化落地方案，推动战略任务全面实施；党的建设全面推进，率先完成党委前置审核机制，首批完成供电服务员工党组织关系转接工作，实现供电所组织全覆盖；1 名基层员工获全国劳动模范，公司代表队获省公司首届职工羽毛球混合团体赛冠军。

近年来，在新乡市委市政府和省公司党委的坚强领导下，公司先后荣获全国五一劳动奖状、全国厂务公开民主管理先进单位等称号，连续 11 年保持"全国文明单位"，连续 16 年保持全国"安康杯"竞赛优胜单位。

6.国网焦作供电公司

国网焦作供电公司成立于1978年9月，属国家大型一级企业，承担着焦作市六县（市）五区和焦枝线电气化铁路的供电任务。供电区面积4071km²，人口377.5万。

焦作电网位于河南电网西北部，全国首条1000kV长南特高压交流自北向南穿境而过，新–哈–郑±800kV特高压直流自西向东穿境而过，是全省"外电入豫"的重要骨干通道。目前已形成以500kV博爱变、竹贤变为电源支撑，220kV形成东西互供、南北互通的双环网供电网络，所有县域均拥有220kV变电站，所有县域110kV变电实现双电源供电，所有省级工业集聚区实现110kV变电站全覆盖，30万kW新能源装机并网发电，全市新能源接入率和消纳率保持100%。

主要发展和经营指标：发展总投入完成10亿元；售电量200亿kWh，同比增长3.4%；营业收入102.5亿元，同比增长3.3%，完成省公司下达的利润目标；综合线损率4.98%；电费回收率100%；全面实现年度安全稳定目标。

7.国网平顶山供电公司

国网平顶山供电公司始建于1970年4月，是国网河南省电力公司所属分公司，主要担负着平顶山两市四县四区的供电任务，管理8个县级供电企业，供电面积7882km²，供电人口550万，供电户数216万户。全口径用工总量5707人（其中长期职工3601人，农电用工1321人，产业单位用工785人）。增长1.68%，资产总额79亿元。

目前运行管理35kV及以上变电站175座，变电容量1204万kVA；35kV及以上输电线路315条，总长度3467km。平顶山电网于2018年实现内部开环，东南部、西北部分别形成以500kV湛河变、姚孟变和香山变、广成变为支撑的220kV环网供电结构，每个县均有2座及以上220kV变电站、每个产业集聚区均有110kV变电站。

国网平顶山供电公司认真落实省公司党委和市委市政府各项决策部署，坚持稳中求进工作总基调，坚持坚守"两个不出事""四个百分之百"根本要求，突出旗帜领航、风险防控、绿色发展、稳健经营，为省公司实现"大而强"发

展目标和建设社会主义现代化新鹰城贡献智慧和力量。扎实推进"1631"工程
（"1"即厚植"一个根基"，突出党建引领；"6"即扭住提升本质安全水平、提
升电网发展质量、提升管理效率效益、提升营销服务水平、提升风险管控能
力、提升集体企业核心竞争力"六个重点"，持续精准发力；"3"即健全高效
协同机制、健全激励考核机制、健全监督问责机制；"1"即强化"一个保障"，
激发队伍活力），持续推动公司和电网高质量发展，有力服务了国网河南省电
力公司和地方经济社会发展大局，为加快建设具有中国特色国际领先的能源互
联网企业，助力平顶山市决胜全面小康、综合实力高质量重返全省第一方阵作
出了积极贡献。公司连续 12 年获得全国文明单位，先后荣获全国五一劳动奖
状、"全国电力行业优秀企业""全国供电可靠性金牌企业""河南省国企改革
攻坚战先进单位"等多项荣誉，2019 年创建省公司系统首家 5A 级标准化良好
行为企业，2020 年被省政府评为全省重点项目建设先进单位，被市政府评为平
顶山市 2019 年度经济社会发展目标考评先进单位，在全市晋位次争上游走前
列工作绩效评价中位列垂直单位第 1 名，受到市委市政府通报表扬。

8. 国网商丘供电公司

国网商丘供电公司于 1973 年 3 月成立，1988 年 2 月上划国网河南省电力
公司直管。公司下辖七个县级供电企业和 1 个省管产业单位，承担着商丘市 7
县（市）、3 区的供电任务，供电区域 1.07 万 km^2，供电人口 781.68 万人，服
务电力客户 359.1 万户。

国网商丘供电公司全面落实国网河南省电力公司党委和市委市政府决策
部署，坚持稳中求进工作总基调，牢牢把握高质量发展主题，严守"两个不出
事""四个百分之百"工作要求，紧扣"聚焦、创新、升级"工作方针，把握
强基础增后劲、强优势增效能、强作风增合力三个原则，聚焦电力保供，办好
"风险隐患大整治、干部作风大转变、能力素质大提升、环境面貌大改善"四
件大事，推动电网、服务、经营、队伍实现新提升，为助推省公司实现"大而
强"目标、服务社会主义现代化商丘建设作出积极贡献。

近年来，公司坚定不移以高质量发展成效作为充分践行国有企业"六个
力量"、认真履行"三大责任"，做好电力先行官、提升服务水平的有效载体和

实践检验。先后荣获"全国文明单位"、全国五一劳动奖状、全国模范劳动关系和谐企业、全国"安康杯"竞赛优胜企业、河南省劳模助力脱贫攻坚示范基地、河南省脱贫攻坚先进集体，被市委市政府评选为：抗击新冠疫情先进集体、商丘市服务工业经济发展先进单位、商丘市推动党的建设高质量发展先进单位。公司整体工作获市委市政府领导多次批示表扬，得到市政府通令嘉奖。

9. 国网驻马店供电公司

国网驻马店供电公司始建于 1966 年，1999 年 1 月 1 日上划国网河南省电力公司直管，自 2005 年 10 月实行公司化运作，更名为河南省电力公司驻马店供电公司，2013 年 7 月变更为国网河南省电力公司驻马店供电公司。现为国网河南省电力公司所属分公司，担负驻马店市九县一区及电铁、高铁的供电任务，供电面积 1.5 万 km²，供电人口近 966 万，供电户数 304 万户。内设 11 个职能部门、16 个业务机构，县级供电公司 9 家，产业单位 1 家；用工总量 8709 人；公司固定资产 106 亿元。

驻马店电网位于河南电网的南部，是鄂豫电力交换的重要通道，现拥有 35kV 及以上变电站 231 座，其中特高压站 1 座，500kV 变电站 3 座、主变容量 5500MVA，220kV 变电站 20 座、主变容量 5730MVA，110kV 变电站 70 座、主变容量 5227MVA，35kV 变电站 137 座、容量 2090MVA。220kV 输电线路 52 条、长度 1214km，110kV 输电线路 124 条、长度 1476km，35kV 输电线路 206 条、长度 2122km。2020 年 12 月，世界首条专为清洁能源外送而建设的青豫直流特高压工程建成投运，驻马店特高压豫南换流变电站成为河南最大的电网枢纽，驻马店电网正式迈入特高压时代，成为全省第 6 家拥有 3 座 500kV 变电站的地市，实现全部县域拥有 2 座及以上 220kV 变电站，110kV 电网实现双电源供电，所有乡镇实现 35kV 及以上变电站供电。

10. 国网许昌供电公司

国网许昌供电公司成立于 1951 年，是国网河南省电力公司的分公司，担负着许昌两县、两县级市、两区的电网建设和供电服务工作。公司设置 11 个职能部室、5 个管办合一机构、10 个业务机构、2 个网格化供电服务机构，下属 5 家县级供电公司和 1 家产业单位。

许昌电网东临周口、西联平顶山、南接漯河、北通郑开洛，基本形成了以 500kV 花都站、500kV 涂会站、龙岗电厂为支撑的 220kV "品" 字形环网供电结构。现有 110kV 及以上变电站 79 座，变电容量 1142.5 万 kVA，输电线路 2641.7km；10kV 配网公用线路 920 条，长度 12304.1km，公用配变 21010 台，容量 522.8 万 kVA。截至 2022 年 1 月 14 日 24 时，许昌公司实现连续安全生产 10000 天，安全记录继续保持华中地区市级供电企业第一，国家电网公司市级供电企业第三。

许昌公司在全省电力系统第一家创建全国一流供电企业、第一家被授予全国精神文明建设先进单位，连续五届保持全国文明单位称号，十三次获得全国 "安康杯" 竞赛优胜单位，荣获全国五一劳动奖状、国家电网公司 "红旗党委"、河南省先进基层党组织等多项荣誉。

11. 国网周口供电公司

国网周口供电公司于 1972 年 1 月成立，1997 年 6 月 10 日由省电力局代管，2000 年 5 月 17 日划归省电力公司直管，是国网河南省电力公司的分公司。

周口电网供电范围包括扶沟县、西华县、商水县、太康县、鹿邑县、郸城县、沈丘县、项城市、川汇区、淮阳区等 10 个县市区，服务用电户 379 万户。随着青豫直流及其配套工程的落地，周口电网从典型的末端电网变为重要的省网东部输电通道，现有 35kV 及以上电压等级变电站 227 座，变电容量 1751.65 万 kVA，35kV 及以上电压等级线路 434 条，总长度 5865km。2020 年，度夏期间最大负荷 371.3 万 kW（同比提升 9.88%，全省第一），整体供电能力 440 万 kW，基本满足全市用电负荷需求。

近年来，在省公司党委坚强领导下，周口公司先后被市委、市政府授予周口市先进单位、"服务周口高质量跨越发展" 先进单位、"工业经济发展企业服务" 先进单位等荣誉称号，公司先后涌现出 "群众脱贫致富的带头人" 驻村第一书记、"河南省五一劳动奖章" 获得者等一大批先进典型，多次受到市委、市政府的通令嘉奖。

12. 国网信阳供电公司

国网信阳供电公司成立于 1971 年，1999 年由国网河南省电力公司出资收购，是国网河南省电力公司的分公司，是关系国民经济命脉和国家能源安全的国有重点骨干企业。下辖 8 家县公司，1 家产业单位，承担着信阳市 8 县、2 区和 6 个管理区、开发区的供电任务，供电区域 1.89 万 km^2，供电人口 887.92 万，服务电力客户 365.77 万户。

信阳电网是河南电网南大门，已先后经历五次跨越，以华豫电厂和 2 座 500kV 变电站为电源支撑点，形成东、中、西部 220kV 环网，电网总体供电能力达 345 万 kW。现有 35kV 及以上变电站 259 座，变电容量 1719.94 万 kVA，实现县域 220kV 变电站全覆盖、所有产业集聚区 110kV 变电站全覆盖、所有乡镇 35kV 及以上变电站全覆盖。

13. 国网濮阳供电公司

国网濮阳供电公司成立于 1984 年 3 月，是国网河南省电力公司所属分公司，下辖五家县级供电企业，担负着濮阳县、清丰县、南乐县、范县、台前县、华龙区 5 县 1 区和国家经济开发区、工业园区、城乡一体化示范区的供电任务，供电区域 4188km^2，供电人口 399 万人。近年来，在国家电网有限公司、省公司和濮阳市委市政府的坚强领导下，国网濮阳供电公司主动发挥国有企业"六个力量"作用，紧紧围绕助推省公司"大而强"发展目标，努力推动濮阳各级电网转型升级，全力保障电力安全可靠供应，为濮阳经济社会高质量发展提供了坚强支撑。公司相继荣获全国五一劳动奖状、全国供电可靠性金牌企业、国家电网公司文明单位、国网公司"文明单位标兵"、国家电网公司首批"容量提升、分层接入"特高压直流输电工程先进单位、国家电网公司安全生产先进集体、河南省国企改革攻坚战先进单位、全国厂务公开民主管理先进单位等多项荣誉，持续保持全国文明单位，多次获得濮阳市综合考评一等奖、全市安全生产先进企业、重点项目建设先进单位等荣誉称号。

14. 国网开封供电公司

国网开封供电公司是一家具有百年历史的企业。最早为 1910 年回族实业家魏子青创办的全省第一家电灯公司（普临电灯公司），1955 年更名为开封电厂，1972 年更名为开封供电局，1992 年更名为开封市电业局，2005 年更名为开封供电公司，2013 年更名为国网开封供电公司。

目前公司下辖5个县级供电企业、1个产业单位和2个城区供电中心，资产总额81.38亿元，2021年完成售电量112.5亿kWh，历史最高负荷279.82万kW。开封电网呈现出"一特、两站、两源、四环"的特点，即：一个特高压天中直流消纳点、两座500kV变电站、两类电源和四个220kV环网。

15. 国网济源供电公司

国网济源供电公司为国网河南省电力公司分公司，国家中一型企业，担负着济源境内2个产业集聚区、5个办事处、11个镇的电力保障任务。公司前身为1965年成立的济源县电业管理所，1970年成立济源县电业管理局，1981年更名为济源县电业局，1998年1月上划河南省电力工业局直接管理。

近年来，国网济源供电公司内强管理、外树形象，实现了经济效益和社会效益的双丰收，多次受到国家、省、市表彰。先后荣获全市首家全国五一劳动奖状、全省首家全国"安康杯"竞赛活动示范单位、全国"安康杯"竞赛活动优胜单位、全国厂务公开民主管理工作先进单位、全国质量管理优秀企业、国家电网公司经济法律工作先进集体、国家电网公司五四红旗团委、河南省文明单位标兵、河南省先进基层党组织、济源市市长质量奖、济源市突出贡献奖等多项殊荣。

近年来，国网济源供电公司按照国网河南省电力公司工作部署和济源示范区党工委、管委会对地方经济发展的总体要求，秉开拓创新之志，承电力先行之责，围绕发展目标，积极进行管理体制，运行机制和管理方法的创新，各项工作有条不紊，重点工作特色鲜明，精益管理日趋科学，电网建设紧锣密鼓，高标准完成工作目标和上级下达的各项任务。

16. 国网三门峡供电公司

国网三门峡供电公司位于华中、西北、华北三大电网结合部，是国家大型一类工业企业、全国一流供电企业、全国文明单位，注册时间2005年11月1日。

公司主要担负着市辖六县（市、区）电网规划建设和供售电任务，同时还承担着西北与华中电网联网工程和三门峡能源基地电量送出任务。公司下辖灵宝、渑池、陕州、卢氏4个县级供电公司，截至2022年8月底，已运行35kV

及以上变电站 119 座，变电容量 10148.11MVA，110kV 以上输电线路 158 条 2843.369km。2021 年，全社会用电量 135.58 亿 kWh，售电量 100.63 亿 kWh。截至 2022 年 8 月 31 日 24 时，实现连续安全生产 8845 天，保持了长周期安全生产稳定局面。

公司先后荣获全国"安康杯"竞赛优胜单位，国家电网公司配电网标准化建设改造创建活动达标单位、省公司新一轮农网改造升级"两年攻坚战"工作先进单位、省属国有企业"三供一业"供电分离移交接收工作突出贡献单位，三门峡市脱贫攻坚、国企改革攻坚战、能源工作先进单位和经济社会发展突出贡献单位，省公司"红旗党委""文明单位标兵"等多项荣誉称号，"全国文明单位"实现四连创。

17. 国网漯河供电公司

国网漯河供电公司成立于 1986 年，1988 年上划省公司直属管理，现有全口径用工 3282 人，其中长期职工 1476 人、供电服务员工 465 人、产业单位用工 1342 人。辖区内 500kV 变电站 2 座，变电容量 2500MVA；500kV 线路 11 条，其中 9 条线路与许昌、平顶山、驻马店、周口电网相联；35kV 及以上公用变电站 62 座，变电容量 827.6 万 kVA，35kV 及以上线路 1872km，形成市区双环链式结构和县域单环网结构，供电方式灵活可靠，防范大面积停电和电网事故能力不断提升。

近年来，漯河公司连续五届保持"全国文明单位"称号，先后荣获全国"五一"劳动奖状、"安康杯"竞赛示范单位、漯河市"驻漯单位领导班子综合考评一等奖"及"民生实事办理先进单位"等诸多荣誉。

18. 国网鹤壁供电公司

国网鹤壁供电公司是隶属于国网河南省电力公司的国家中一型供电企业，成立于 1991 年，现担负着鹤壁两县三区、国家重点煤炭企业鹤煤集团、京广铁路淇县牵引站和京广高铁熙雅牵引站的供电任务。鹤壁电网已形成以东部 500kV 朝歌站和西部火力发电为电源点，220kV 骨干网形成东西电源互供的双环网结构，市区 110kV 电网双环网供电，所辖县 110kV 实现双电源供电的网架结构。鹤壁电网现有 500kV 变电站 1 座，220kV 变电站 7 座，110kV 变电站 27 座，总变电容量 4850MVA；110kV 及以上线路共计 87 条，线路总长 945km。电源装机总容量 428.64 万 kW，其中新能源装机总容量 78.2 万 kW，占比 18.2%。供电区共有用户 70 万户，营业网点 20 个，供电所 22 个。

近年来，在国网河南省电力公司党委的坚强领导下，鹤壁公司以"两个走在前列"（在建设具有中国特色国际领先的能源互联网企业中走在省公司系统前列，在服务鹤壁市建设高质量发展城市中走在全市前列）为目标，以"三转三提"（转思想、转观念、转作风，提标准、提质量、提成效）为抓手，以争先进位的责任意识、以奋发进取的精神状态、以敢为人先的勇气胆略，不断夯实"两个不出事""四个百分之百"基础，外创环境，内强管理，发展氛围更加浓厚，队伍作风持续转变，治理能力明显加强，企业管理逐步提升，公司各项重点工作有序推进，主动服务鹤壁市工作大局赢得了市委、市政府及社会各界的充分肯定。公司先后获得荣获"全国精神文明建设工作先进单位""全国模范劳动关系和谐企业""全国五一劳动奖状""鹤壁市年度脱贫攻坚先进集体""鹤壁市营商环境建设先进单位""鹤壁市高质量发展城市建设先进单位公共服务类第 1 名""鹤壁市高质量发展党的建设先进单位"等一系列荣誉称号。

参考文献

［1］苏继业，唐昕.电网企业新进员工培训读本入职第一课.北京：中国电力出版社，2009.

［2］国家电网公司高级培训中心.电网企业新员工培训读本.北京：中国电力出版社，2008.

［3］张景霞.电力企业新员工职业素养培训教材.北京：中国电力出版社，2012.

［4］国家电网有限公司.企业文化建设工作指引2022.北京：中国电力出版社，2022.